D   O   C   U   M   E   N   T   O   S

I

IMPRENSA DA UNIVERSIDADE DE COIMBRA
COIMBRA UNIVERSITY PRESS

U

EDIÇÃO

Imprensa da Universidade de Coimbra
Email: imprensa@uc.pt
URL: http//www.uc.pt/imprensa_uc
Vendas online: http://livrariadaimprensa.uc.pt

COORDENAÇÃO EDITORIAL

Imprensa da Universidade de Coimbra

CONCEÇÃO GRÁFICA

António Barros

IMAGEM DA CAPA

"Calçada artística" by Miguelgouveia71 [Public domain],
via Wikimedia Commons

INFOGRAFIA

Mickael Silva

EXECUÇÃO GRÁFICA

KDP

ISBN

978-989-26-1643-8

ISBN DIGITAL

978-989-26-1644-5

DOI

https://doi.org/10.14195/978-989-26-1644-5

FRANCISCO XAVIER DE MENESES IV CONDE DA ERICEIRA

O RAIAR DAS "LUZES" ENTRE FASTOS BARROCOS

Ofélia Paiva Monteiro
Carlota Miranda Urbano

IMPRENSA DA UNIVERSIDADE DE COIMBRA
2018

SUMÁRIO

PALAVRAS PRÉVIAS

É objetivo deste opúsculo recordar em traços largos um vulto pres-
tigioso da nossa história cultural – D. Francisco Xavier de Meneses,
IV Conde da Ericeira – imerecidamente esquecido: vivendo entre o
último quartel do século XVII e a primeira metade do vindouro (mais
exatamente, de 1673 a 1743), este Fidalgo, que polarizou em seu
torno durante quase três décadas a aristocracia lisboeta, teve efetivamente um papel relevante na modernização da nossa mentalidade,
documentado, entre outros aspetos, pelo impulso renovador que
deu à atividade literária e científica de numerosas academias a que
esteve ligado. Agradeceram-lho com calor os seus contemporâneos;
e reconheceram-no muitos estudiosos mais recentes do nosso devir
histórico, acentuando todavia quanto se verificou, em D. Francisco
Xavier de Meneses, situado em plena "crise da consciência europeia"
(para retomarmos o célebre título do livro ainda estimulante de Paul
Hazard[1]), o hibridismo de pensamento e de gosto expectável num
nobre de alta estirpe apanhado entre dois "tempos", detentor de
múltiplos saberes, mas poeta pouco favorecido pelas musas: molda-
do pela tradição barroca, o IV Conde da Ericeira pode ser, mesmo
assim, considerado um pioneiro das "Luzes" entre nós[2].

---

[1] Referimo-nos a *La Crise de la Conscience Européenne (1680-1715)*, 1ª ed., 1935.

[2] Apresentam-no desta forma, entre outros: José Silvestre Ribeiro, *História dos
Estabelecimentos Científicos, Literários e Artísticos de Portugal nos sucessivos Reinados
da Monarquia*, 18 vols., Lisboa, Tipografia da Academia Real das Ciências, 1871-1914
(*vide* Vol. I, pp. 155, 158, 163, 169 e ss.) Teófilo Braga, *A Arcádia Lusitana*, Porto,

O fator que despoletou o nosso breve estudo foi a viabilidade de divulgarmos a carta latina, datada de novembro de 1739 – acompanhando-a de tradução e comentário crítico –, em que o Fidalgo, já idoso e quase cego, agradece à *Royal Society* de Londres, de grande reputação em toda a Europa "ilustrada", tê-lo admitido entre os seus membros. Emociona, culturalmente, ver D. Francisco Xavier de Meneses afirmar, no contexto português de então, que encontrara na obra de Newton, nome primordial daquela Sociedade Científica Inglesa, uma "nascente" em que pudera matar a sua "sede de filosofia"...

Muito agradecemos a D. Tiago Henriques não só conhecimento que nos deu da carta agora dada a lume (pertencente ao seu espólio pessoal) mas também o interesse, tão solícito, com que acompanhou o desenrolar do nosso trabalho.

À Imprensa da Universidade de Coimbra – em particular, ao seu Diretor, Prof.º Doutor Delfim Leão – exprimimos um vivo reconhecimento por ter generosamente acolhido a publicação deste estudo.

Coimbra, Fevereiro de 2017

Ofélia Paiva Monteiro
Carlota Miranda Urbano

Chardron, 1899; Hernâni Cidade, *Lições de Literatura e Cultura Portuguesas*, Vol. II, 1959 (2ª ed.), pp. 32-34; António José Saraiva e Óscar Lopes, *História da Literatura Portuguesa*, 16ª ed., Porto Editora (s.d.), pp. 588, 618; João Palma-Ferreira, *Academias Literárias dos séculos XVII e XVIII*, Série Estudos e Ensaios, Lisboa, Biblioteca Nacional, 1982; Ana Cristina Araújo, *A Cultura das Luzes em Portugal. Temas e Problemas*, Lisboa, Livros Horizonte, 2003. Ao Conde da Ericeira dedicou Ofélia Milheiro Caldas Paiva Monteiro uma monografia, muito presente na elaboração deste trabalho: *No alvorecer do "Iluminismo" em Portugal: D. Francisco Xavier de Meneses, IV Conde da Ericeira*, Coimbra, 1965, 106 pp. (Separata de *Revista da História Literária de Portugal*, Coimbra, Faculdade de Letras, Instituto de Estudos Românicos "Dona Carolina Michaëlis de Vasconcelos", Vols. 1 (1962), pp. 191-233, e 2 (1967), pp. 1-58).

I PARTE

D. FRANCISCO XAVIER DE MENESES

(*Ofélia Paiva Monteiro*[3])

Quando o IV Conde da Ericeira se finou, em dezembro de 1743, aos setenta anos, privado de visão, seguiram-se numerosas homenagens (Orações fúnebres, Elogios académicos, Certames poéticos) que patenteiam o alto apreço em que a maioria dos seus contemporâneos o teve. Testemunham-no de modo esclarecedor o *Elogio do Ilustríssimo e Excelentíssimo Senhor D. Francisco Xavier de Meneses, IV Conde da Ericeira* (1745), da autoria do Padre teatino D. José Barbosa[4] – a mais rica das evocações biográficas então surgidas –, ou o soneto onde Joaquim Leocádio de Faria (Secretário da Academia dos Aplicados) considera "único", esse Fidalgo que dera "razão de tudo a todos,/por saber mais que todos quase tudo"[5]; ou ainda este

---

[3] À data da elaboração deste estudo, professora aposentada, da Faculdade de Letras da Universidade de Coimbra e membro do Centro de Literatura Portuguesa (CLP), subsidiado pela Fundação para a Ciência e a Tecnologia (FCT), anexo a essa Faculdade.

[4] O exemplar que consultámos está integrado na Miscelânea 181 da Biblioteca Geral da Universidade de Coimbra (BGUC).

[5] Publicado em folha avulsa, o soneto encontra-se na Miscelânea 27 (n° 627) da BGUC. Terá eventualmente pertencido ao conjunto de poesias apresentadas ao certame que a Academia dos Escolhidos promoveu, a 26 de janeiro de 1744, para debater o seguinte problema: "A quem se faria mais sensível a morte do Excelentíssimo Conde da Ericeira, se às campanhas, pelo grande valor com que nelas militava, ou se às academias, pelo incomparável engenho com que nelas discorria?" Concorreram a Academia dos Aplicados (que então se reunia na cela de Fr. Manuel do Cenáculo, futuro Bispo de Beja), a Academia dos Unidos e a dos Particulares (*vide Gazeta*

passo da anónima *Oração Panegírica feita ao Conde da Ericeira por uma Academia do Reino*, de 1746:

"Quem foi a causa de haver em Lisboa tantos congressos doutos? Quem foi a causa de se aplicarem os Portugueses tanto às artes e às ciências? Quem foi a causa de vermos tão aumentada a História do Reino, tão purificado o método de escrevê-la (...)? Quem foi a causa de vermos adornada a língua portuguesa com todas as regras e figuras da eloquência? Quem foi a causa de vermos tão sublimado o estilo de discorrer? (...) É certo que todos hão de confessar que foi o Conde da Ericeira, já com o seu exemplo, já com a proteção (...)."[6]

Se a méritos pessoais que iremos documentando – conhecimentos vastíssimos, qualidades humanas, valor militar – se deveu sobretudo esse enorme prestígio, para ele contribuiu a auréola que cercava a poderosa e culta Casa nobre em que D. Francisco Xavier nascera. Foi seu pai, D. Luís de Meneses, III Conde da Ericeira (1632-1690), o grande ministro de D. Pedro II a quem se chamou já "o Colbert português" pela defesa das doutrinas mercantilistas e desenvolvimento dado às manufaturas nacionais (particularmente as dos vidros, curtumes, têxteis); além disso, militar valoroso, criterioso historiador, poeta de nomeada, membro da Academia dos Generosos. Sua mãe foi D. Joana de Meneses, filha do irmão mais velho de D. Luís, D. Fernando de Meneses, II Conde da Ericeira (1614-1699), que também se notabilizou como militar, historiador, estudioso da matemática, poeta, Presidente das Academias dos Generosos e dos Solitários.

---

de Lisboa, 4-II-1744; Teófilo Braga, *A Arcádia Lusitana*, pp. 78-80). No Manuscrito (ms.) 398 da BGUC encontram-se várias poesias apresentadas ao certame. (Cf. Ofélia Paiva Monteiro, *op. cit.*, *supra*, nota 2, p. 105).

[6] Esta obra talvez corresponda à Oração Panegírica feita por Jerónimo Godinho de Niza na sessão dedicada ao Conde da Ericeira pela Academia dos Escolhidos, em 26 de janeiro de 1744 (cf. *Gazeta de Lisboa*, 4-II- 1744).

Assinale-se que a mesma D. Joana de Meneses se ilustrou pela cultura: dominava o espanhol, o italiano e o francês, e escreveu numerosas obras, entre as quais um poema, inspirado, parece, no suicídio de seu marido[7] – *Despertador del alma al sueño de la vida en voz de un advertido desengaño* (publicado em 1695, sob o pseudónimo de Apolinário de Almada) –, que obteve alguma notoriedade[8].

---

[7] D. Luís de Meneses suicidou-se a 26 de maio de 1690, precipitando-se de uma das janelas do seu palácio. As razões desse ato permanecem obscuras: falou-se de loucura ou depressão, a que talvez não fossem alheias sérias dificuldades circunstanciais. No ms. 1531 (fls. 38 v. e 41) da BGUC, encontram-se estes versos de autor anónimo: "Caiu o Conde e se diz/ Que foi por um caso atroz;/ Porém já corre outra voz,/ Que a primeira contradiz:/ Que foram uns frenesis / Do juízo descortês./ Porém eu digo esta vez,/ Sem ouvir do baque o truz,/ Que o juízo o Conde induz/ Ter caído no que fez."

[8] Na *Biblioteca Lusitana* (1741-1759), de Diogo Barbosa Machado, ou no *Dicionário Bibliográfico Português* (1858-1923), de Inocêncio Francisco da Silva (continuado por Brito Aranha e outros), encontram-se numerosas indicações referentes às vultuosas obras dos Condes da Ericeira. Para avaliarmos tão vasta produção impressa e manuscrita é importante percorrer-se a "Biblioteca Ericeiriana", apensa a alguns exemplares do poema épico *Henriqueida* (1741), de D. Francisco Xavier de Meneses ("Biblioteca" que também será da sua lavra), bem como o "Catálogo", empreendido pelo IV Conde da Ericeira, da sua obra pessoal, apenso ao seu poema *Narciso de Hipocrene*, de 1727. A D. Luís de Meneses, III Conde da Ericeira, ficámos sobretudo devendo a *História de Portugal Restaurado* (Vols. 1, 1679, e 2, 1698), preciosa fonte de estudo, várias vezes reeditada, dos eventos políticos, diplomáticos e militares ocorridos em Portugal e no Ultramar durante o período de 1640 a 1668. Segundo a "Biblioteca Ericeiriana", D. Luís teria sido autor de dois tomos manuscritos de *Obras Poéticas Espanholas* (de que constaria a resposta "pelos mesmos consoantes" a todos os sonetos de D. Luís de Ulloa, poeta gongorista espanhol), de um poema sobre a lenda de Orfeu e de duas comédias com certeza ao gosto castelhano. Do pendor barroco que seria o do Fidalgo é também índice o ter sido provavelmente sob direção sua e do Conde de Miranda que se organizou, entre os poetas do reino, um Certame para completar o poema *Fílis y Demofonte*, de António da Fonseca Soares (o futuro Fr. António das Chagas). Das obras históricas de D. Fernando de Meneses (II Conde da Ericeira), chegaram até nós *Vida e Ações d'elrei D. João I* (1677) e, de publicação póstuma, *História de Tangere* (1732) e *Historiarum Lusitanorum ab anno MDCXL ad MDCLVII* (1737), que aliam à preocupação com a exatidão a ostentação barroca. Segundo a "Biblioteca Ericeiriana", teria sido autor de numerosos outros textos conservados manuscritos (discursos académicos, cartas, poesias em latim, português, italiano e espanhol, um fragmento de um poema heroico (*Lisboa Conquistada*), uma comédia, um epítome de filosofia e vários tratados de matemática). Inocêncio da Silva atribui-lhe ainda a autoria de *Novena da Encarnação e Exercícios Espirituais para os Devotos que a tomarem* (1682), obra publicada anonimamente. Também D. Joana de Meneses teria escrito, segundo o mesmo catálogo, um volume de *Obras Poéticas Espanholas* (que incluía várias peças de teatro e o poema épico *Perseu*, em cinco cantos), vários tomos de *Cartas Francesas*, "Discursos na

Na sua Casa, D. Francisco Xavier de Meneses pôde encontrar, por isso, os primeiros mestres, recebendo uma cuidada educação regida por um misto de tradição e orientações "modernas". Assim, se D. Fernando de Meneses, seu tio-avô, lhe ensinou o latim (onde foi menos longe do que nas línguas vivas, como afirma D. José Barbosa), a história antiga e a erudição sagrada, e sua tia-avó D. Leonor Filipa de Noronha, "a língua castelhana, a arte dos conceitos e os estilos do Paço", D. Joana de Meneses, sua mãe, ilustrou-o na língua francesa, na métrica e na mitologia, e seu pai, D. Luís, no italiano, na história moderna e na arte militar, cujos princípios lhe desenvolveu depois o Conde de Schomberg[9], utilizando pequenas figuras de madeira. Registam os seus biógrafos que aos oito anos D. Francisco Xavier possuía já tantos conhecimentos que pôde sustentar um exame perante eruditos e fidalgos da corte, durante o qual glosou motes e compôs sonetos de "consoantes forçados" particularmente difíceis. Razão tinha pois o *Journal des Savants*, de 13 de janeiro de 1681, para afirmar, num artigo sobre o *Portugal Restaurado* de D. Luís de Meneses, que "ses enfants, dans un âge où les autres savent à peine parler, passent pour des prodiges d'esprit". E o certo é que o pequeno Fidalgo ainda não completara nove anos, e já D. Fernando Correia de Lacerda, Bispo do Porto, o convidava para a sua Academia dos Instantâneos, onde se propunham motes, se faziam versos ou se debatiam temas sem estudo precedente. Sabemos também que a educação

---

mesma língua", "Obras Poéticas Francesas e Italianas", "Discursos Académicos e Morais, com uma Novela Alegórica", etc.

Quase todo o enorme pecúlio manuscrito da autoria dos Condes da Ericeira (integrando o deixado por D. Francisco Xavier de Meneses) se perdeu na derrocada, seguida de incêndio, do seu Palácio da Anunciada, em Lisboa, por ocasião do terramoto de 1755, a que aludimos adiante. Das obras impressas, a maioria tem edição *online*.

[9] Frédéric Armand de Schomberg (1615-1690), protestante nascido na Alemanha, mas que veio a naturalizar-se francês, serviu vários países como militar exímio, tendo em Portugal exercido uma ação importante na reorganização do exército e na direção de múltiplas campanhas na Beira e no Alentejo, entre 1662 e 1668, no final da Guerra da Restauração.

de D. Francisco Xavier comportou, a partir dos doze anos, estudos de matemática, sob a direção do Cosmógrafo-mor Manuel Pimentel, que era então nesse campo a maior competência do reino[10]. Manuel de Azevedo Fortes (1660-1749), após regressar do estrangeiro onde se consagrara à matemática e às ciências experimentais, seguir-se-ia na orientação desses estudos, iniciando também o jovem Conde na filosofia cartesiana[11].

Ao renome da família Ericeira, ficou ligado o magnífico Palácio da Anunciada onde residiu (construído no século XVI e situado na baixa lisboeta, ocupava o atual quarteirão que se estende da Rua dos Condes ao Largo da Anunciada). Arrasado pelo terramoto de 1755 e pelo incêndio que lhe sobreveio, só por relatos da época podemos imaginar quão opulento seria o edifício e quão inestimável o valor do seu conteúdo. Sabemos, por exemplo, que albergava uma livraria de mais de dezoito mil volumes (onde se conservaria o espólio ericeiriano), que continha uma riquíssima pinacoteca, com obras de Rubens, Correggio, Tiziano, que Le Nôtre e Bernini colaboraram na decoração dos jardins[12]. D. Francisco Xavier de Meneses veio, aliás, a contribuir para essa riqueza, aumentando-a com gabinetes

---

[10] Manuel Pimentel (1650-1719) foi elevado a Cosmógrafo-mor do reino em 1687. Foi seu pai, o ilustre Luís Serrão Pimentel (1613-1679), também Cosmógrafo-mor.

[11] Manuel de Azevedo Fortes (1660-1749), filho de pai francês, foi Engenheiro-mor do reino e sócio da Academia Real da História. O seu manual *O Engenheiro Português* (1728-29) formou toda uma geração de técnicos. A sua obra mais importante é, porém, a *Lógica Racional, Geométrica e Analítica* (1744), onde critica severamente a lógica escolástica e procura, no domínio da teoria das ideias, um compromisso entre o sensismo de Locke e o inatismo de Descartes. Pode ser considerado um dos mais interessantes precursores de Verney. D. Francisco Xavier de Meneses refere-se, na Nota 107 do seu poema heroico *Henriqueida*, ao "Sargento-mor de Batalha e Engenheiro-mor Manuel de Azevedo Fortes, meu mestre de filosofia cartesiana e de algumas partes de matemática que me não tinha ensinado o incomparável Manuel Pimentel, Cosmógrafo-mor".

[12] Sobre o Palácio da Anunciada, consulte-se: João Baptista de Castro, *Mapa de Portugal Antigo e Moderno*, 2ª ed., Tomo III, Parte V, Lisboa, 1763, p. 288; Pe. António Carvalho da Costa, *Corografia Portuguesa e Descrição Topográfica do Famoso Reino de Portugal*, Lisboa, 1712, Tomo III, p. 438; Angelina Vidal, *Lisboa Antiga e Lisboa Moderna*, 1900, pp. 22-23; Júlio de Castilho, *Lisboa Antiga*, Lisboa, 1879.

científicos que abriu, tal como a biblioteca, aos interessados, nobres ou não, em alargar os seus conhecimentos.

Do que fomos dizendo, é possível concluir, desde já, que entravam laivos modernos no ambiente intelectual do Palácio da Anunciada (incentivados por alguns estrangeiros frequentadores da Casa, como Schomberg e o Pe. Rafael Bluteau, de quem voltaremos a falar), sendo contudo predominantemente barroco o gosto dos fidalgos que o habitavam, apreciadores do luxo decorativo, das galas retóricas e dos artifícios da "agudeza de ingénio".

* * *

Na sequência da intensa instrução recebida, cedo começou para D. Francisco Xavier de Meneses a vida "adulta". Casado aos quinze anos (1688) com D. Joana Madalena de Noronha (filha dos Condes de Sarzedas), logo foi pai, aos dezasseis, do seu primogénito, D. Luís Carlos Inácio Xavier José de Meneses – o V Conde da Ericeira (e I Marquês de Louriçal) que se notabilizaria na Guerra da Sucessão Espanhola e, posteriormente, na Índia (de que foi por duas vezes vice-rei, em 1717-1720 e 1741-1742), vindo a ilustrar-se também, como os seus familiares, pela cultura vasta e curiosidade "moderna" do seu espírito[13].

---

[13] O V Conde da Ericeira (1689-1742), falecido em Goa no ano imediatamente anterior ao da morte do pai, merece que nos detenhamos um pouco no seu vulto esquecido (mas pedimos vénia para a extensa nota em que o fazemos). Como os seus parentes, dominou o latim, o francês, o Italiano e o espanhol, e aplicou-se ao estudo da matemática, da botânica, da história, das culturas orientais, da economia política. Um dos seus admiradores e biógrafos foi Sebastião José de Carvalho e Melo (o futuro Marquês de Pombal), que fez surgir em Londres, em 1743, o *Elogio de D. Luís Carlos Inácio Xavier de Meneses, Quinto Conde da Ericeira, Primeiro Marquês do Louriçal, Académico do número da Academia Real da História Portuguesa, que faleceu em Goa a 12 de junho de 1742* (2ª ed., Lisboa, 1757). D. José Barbosa, que elogiou D. Francisco Xavier de Meneses, também foi autor, em 1743, do *Epítome da Vida do Ilustríssimo e Excelentíssimo Senhor D. Luís Carlos Inácio Xavier de Meneses*.

O Fidalgo mereceu a atenção do prestigiado historiador britânico da nossa expansão marítima, Charles Boxer; muito esclarecedor é o seu estudo, *The Conde da Ericeira and Beauvollier de Courchant, 1721-1722* (*In Bulletin des Études Portugaises et Brésiliennes, Nouvelle* Série, Tomes trente-sept et trente-huit, 1977-1978, pp. 33--59). Beauvollier de Courchant era o governador francês da ilha de Bourbon (hoje Ilha da Reunião), situada a leste de Madagáscar, onde D. Luís de Meneses teve de permanecer sete meses, em 1721, quando a nau em que regressava de Goa a Lisboa, a "Nossa Senhora do Cabo", foi acometida no Índico por um violentíssimo tufão que quase a destruiu e depois aprisionada por corsários ingleses. Perdida a quase totalidade dos copiosos bens que transportava (diamantes, manuscritos orientais, livros, moedas, armas) – muitos pertencentes ao próprio Conde da Ericeira (destinados a restaurar um pouco a ruína económica da sua Casa), mas outros ao Rei D. João V e a notabilidades portuguesas –, só graças ao auxílio financeiro do governador da ilha, que se tornou grande admirador de D. Luís, foi conseguido o resgate do Fidalgo, que passou a viver nessas paragens de modo quase primitivo (escreve Sebastião José de Carvalho e Melo: "Sete meses ficou o Senhor Marquês do Louriçal na Ilha de Bourbon, renovando a memória dos primeiros séculos do Mundo, pela assistência das cabanas de palma, que então formavam toda a sua povoação silvestre. A rusticidade dos edifícios e dos seus habitantes lhe foi porém compensada (no modo em que o lugar o permitia) pela cultura do espírito do Pe. Renoux, varão douto e pio entre os Missionários de São Vicente de Paulo, do Governador Monsieur Beauvollier, e de outros oficiais seus subalternos"). Charles Boxer refere as relações amistosas que D. Luís também manteve na ilha com dois Jesuítas que tinham estado na China, citando, a partir de estudo consagrado a um deles, o Pe. Antoine Gaubil: "Il [D. Luís] passait les après-dinées avec eux en des conversations littéraires en se promenant sur le bord de la mer"; assunto frequente das conversas era o projeto alimentado pelo Conde da Ericeira de reatar comunicações com o Japão. No *Epítome* de D. José Barbosa sobre a vida do Fidalgo, lê-se complementarmente (p. 57): "Com a lição dos muitos e excelentes livros do Governador e do Pe. Renoux, da Congregação da Missão de São Vicente de Paulo, se divertia o Conde, observando como Filósofo a qualidade da terra em que vivia desterrado sem culpa". A *Gazeta de Lisboa* noticiou em 1722 estes sucessos, também relatados por François Duval, em 1725, no vol. II de *Lettres Curieuses sur divers sujets* (o texto é reproduzido por Charles Boxer). O estudioso britânico reproduz igualmente a longa carta enviada a D. Luís de Meneses por Beauvollier de Courchant, datada da ilha Bourbon, 22/X/1722.

A cultura, a gentileza e a grandeza de ânimo de D. Luís de Meneses conquistaram--lhe, na longínqua ilha em que permaneceu, a admiração de muitos (até dos próprios piratas ingleses). D. João V, porém, reservou bem pouco amistosa receção ao Fidalgo, quando ele regressou a Lisboa após dificultosa viagem de retorno à Europa, com permanência em Paris e Espanha, onde foi alvo de grandes distinções (em Paris, foi recebido pelo Infante régio – o futuro Luís XV –, pelo Regente (o Duque de Orléans), por altos aristocratas, entre os quais o Cardeal de Rohan, de quem o Conde era ainda parente através da esposa): submeteu-o a um longo inquérito judicial sobre a perda da "Nossa Senhora do Cabo" com a sua preciosa carga, tendo o processo como resultado a condenação de D. Luís a "dez anos de privação da presença de Sua Majestade". As relações do Conde com o Rei só se reataram em 1736; diz Alexandre de Gusmão, admirador do Fidalgo, que ele, durante o banimento da Corte, utilizou largamente a famosa biblioteca familiar para fazer "o maior estudo na economia política, tomando todo o conhecimento do estado da agricultura, das

As atividades do jovem D. Francisco Xavier partilhar-se-iam entre a vida de família, o estudo, as ocupações militares, a frequência da Corte e – aspeto que iremos salientar – a participação em "academias" particulares, cujo número viera crescendo ao longo de Seiscentos (particularmente após a Restauração) à medida que se divulgara em meio aristocrático, em torno dos centros do Poder, o gosto pelas agremiações assim designadas. Aproximáveis dos "salons" *preciosos* franceses, elas aliavam a cortesania mundana, em sessões mantidas com regularidade, à prática de exercícios poéticos e oratórios (Discursos comemorativos de eventos áulicos; Exposições e Debates sobre temas variados; Certames poéticos), propícios a fazerem "brilhar" o espírito engenhoso e a palavra rebuscada. Já vimos como o Fidalgo, criança ainda, exibira publicamente a sua capacidade prematura de glosar motes e compor

---

artes e do comércio", que se correspondeu com os botânicos franceses Bernard e Joseph Jussieu, que escreveu um suplemento destinado ao famoso *Dictionnaire Historique* de Moréri e que se empenhou na publicação de obras penetradas pelo espírito das "Luzes", como os *Apontamentos para a Educação de um Menino Nobre* (1734), de Martinho de Mendonça de Pina e de Proença; A. de Gusmão acrescenta, porém: D. Luís "viveu em uma contínua guerra de intrigas, e não o deixaram sossegado, até que conseguiram degradá-lo segunda vez para a Índia, posto que com o honroso título de vice-rei", tendo sido feito entretanto Marquês de Louriçal (*apud* Boxer, *op. cit.*, pp. 39-40).

Informa Charles Boxer (p. 39), sempre baseando-se em A. de Gusmão, que D. Luís de Meneses, reentrando nas boas graças de D. João V, apresentou ao Monarca um *Discurso Político* em que sugeria alterações na vida portuguesa, tocando, embora com prudência, em assuntos melindrosos como o demasiado aumento do clero regular e secular e certos procedimentos da Inquisição, o que lhe teria trazido a inimizade de muitos elementos do alto clero e da aristocracia.

Conclui Charles Boxer (p. 34): "(...) he showed himself to be the most cultivated and scholarly *fidalgo*, who ever presided over the *Estado da Índia*. He took a genuine interest in learning what he could of various Asian civilizations, forming collections of Oriental manuscripts, coins and weapons. He was tireless in collecting information concerning the "guerras, interesses, religião, manufacturas, comércio, riquezas, governo, nomes, idades, virtudes e vícios dos Príncipes que governam as nações confinantes à China", as well as about the Chinese Empire itself. He also assembled all the information he could about the "animais, aves, plantas, árvores" and other natural products of Asia and Africa". O historiador inglês remete para o seu estudo Ásia portuguesa no tempo do Vice-Rei Conde da Ericeira. Correspondência oficial, 1718-1720 (Macau, Imprensa Nacional, 1970).

versos de "consoantes forçados", ganhando jus com tais talentos ao convite para participar na efémera Academia dos Instantâneos estabelecida pelo Bispo do Porto, D. Fernando Correia de Lacerda (1628-1685), em sua casa. Exortação para este tipo de sociabilidade – que mostrava, por entre muitas fatuidades, a busca de requinte nas atitudes e na linguagem, bem como a atração por subtilezas éticas e sentimentais –, encontrava-a D. Francisco Xavier nos seus familiares mais próximos: como dissemos, D. Fernando de Meneses (seu tio-avô) presidiu às Academias dos Solitários e dos Generosos, tendo sido também membro desta D. Luís de Meneses, seu pai.

Se da Academia dos Solitários pouco se sabe, sobre a dos Generosos[14], a que D. Francisco Xavier cedo veio igualmente a pertencer, existe quantiosa documentação, que a coloca com a velha Academia dos Singulares (fundada em 1628) no lugar das mais significativas agremiações seiscentistas do género. Criada em 1647 por D. António Álvares da Cunha (1626-1690) e congregando membros muito ilustres[15], teve (mas com intermitências) duradoura existência (a divisa da Academia era "Non Extinguetur" e o seu símbolo, uma tocha acesa), tornando-se o tronco de que irradiaram outras associações afins. É o

---

[14] O termo *generoso* é aqui usado no sentido, provindo do lat. *genus*, de 'possuidor de nobre e valorosa índole'.

[15] Pertenceram, entre muitos outros, à Academia dos Generosos, em momentos históricos diversificados do seu longo percurso: D. Francisco Manuel de Melo, António da Fonseca Soares (Frei António das Chagas), António Barbosa Bacelar, D. Fernando Correia de Lacerda (Bispo do Porto), Luís do Couto Feliz (que veio a ser Guarda-mor da Torre do Tombo), Manuel Pimentel (Cosmógrafo-mor), Manuel Teles da Silva (I Marquês de Alegrete), Fernão Teles da Silva (II Marquês de Alegrete), Nuno da Silva Teles, António Teles da Silva, João Gomes da Silva (conde de Tarouca). Aos quatro últimos nomes, filhos do I Marquês de Alegrete, pertence, por exemplo, a produção poética conservada no manuscrito 295 da Biblioteca da Academia das Ciências de Lisboa, intitulado *Miscelânea Poética dos quatro irmãos, Marquês de Alegrete, Conde de Tarouca, Nuno da Silva Teles e António Teles da Silva*, um dos inúmeros manuscritos onde se guardam composições apresentadas em sessões da Academia dos Generosos (recordo que foram adquiridos em 1971 pela Biblioteca Nacional de Portugal a livraria e arquivo da Casa Tarouca, onde abunda produção poética dessa Academia e da dos "Ocultos").

que explica que vários estudiosos refiram ter ela passado por quatro fases até 1720 (data da criação da Academia Real da História), enquanto outros entendem que só até 1686 a Academia dos Generosos apresenta a sua fisionomia identificadora (desde 1685, estavam à sua frente D. Pedro e D. Luís da Cunha, filhos de D. António)[16]. Cariz diverso têm de facto as academias posteriores que dão continuidade aos "Generosos" porque os acolhem, mas recebem um renovador toque de "ilustração" moderna sob a orientação de quem as anima, precisamente o IV Conde da Ericeira, D. Francisco Xavier de Meneses, que passa a polarizar o movimento "académico" lisboeta, tornando-se o "mentor intelectual da primeira geração de ilustrados portugueses"[17]: entre 1696 e 1705, ele organiza no Palácio do Cunhal das Bolas (ao Bairro Alto), pertença da família, as chamadas "Conferências Discretas e Eruditas"; segue-se um hiato de cerca de doze anos, devido às altas responsabilidades militares e civis a que o Fidalgo é chamado durante a guerra da Sucessão Espanhola; as sessões ericeirianas ressurgem, porém, em 1717, desta vez no Palácio da Anunciada, sob o nome de "Academia Portuguesa", herdando os membros das agremiações anteriores. Em 1720, a Academia Real da História, criada por D. João V, iria por sua vez receber todos os participantes da Academia Portuguesa. Como é compreensível, a interdependência destes cenáculos dificulta, por vezes, a discriminação das suas atividades.

---

[16] Cf.: Else Maria Henny Vonk, *A Academia dos Generosos. Uma Academia ou uma sequência de Academias?*, Separata de *Revista da Biblioteca Nacional*, n° 4, 1982; Clarinda Maria Rocha dos Santos, *O Académico 'Ambicioso': D. António Álvares da Cunha e o Aparecimento das Academias em Portugal*, Dissertação de Doutoramento apresentada à Faculdade de Letras do Porto, dezembro de 2012 (pode consultar-se *online*); José Pinto Peixoto, *A Revolução Cultural e Científica dos séculos XVII e XVIII e a Génese das Academias*, Separata de *História e Desenvolvimento da Ciência em Portugal* (Vol. II, pp. 1353-1377), Lisboa, Academia das Ciências de Lisboa, 1986. Obra de conjunto importante sobre o movimento académico nos séculos XVII e XVIII é, de João Palma-Ferreira, *Academias Literárias dos séculos XVII e XVIII*, Secretaria de Estado da Cultura, Biblioteca Nacional (Série Estudos e Ensaios), 1982.

[17] Ana Cristina Araújo, *A Cultura das Luzes em Portugal. Temas e Problemas*, Lisboa, Livros Horizonte, 2003, p. 24.

***

As "Conferências Discretas e Eruditas" realizavam-se, em ritmo semanal, aos domingos, com a presença da melhor sociedade lisboeta (D. Francisco Xavier de Meneses assumia as funções de secretário). Entre os académicos contavam-se antigos "Generosos", como Luís do Couto Feliz (mais tarde Guarda-mor da Torre do Tombo), Manuel Pimentel (Cosmógrafo-mor), Fernão Teles da Silva (II Marquês de Alegrete); e homens célebres pela cultura e pela posição social, como o teatino D. Rafael Bluteau, que foi um dos membros mais ativos, D. Manuel Caetano de Sousa, Manuel Teles da Silva (I Marquês de Alegrete), D. Francisco de Sousa (mais tarde Presidente da Mesa de Consciência). As sessões, de índole poético-cultural, eram repartidas entre o cultivo das musas e questões "eruditas" de vária natureza, decorrendo no ambiente de requinte galante e subtileza conceituosa sugerido pelo adjetivo "discreto": o termo, durante o século XVII, implicou, com efeito, entre nós, um ideal de cortesania (comparável, sob alguns aspetos, ao do "honnête homme" da sociedade francesa da mesma época) que aliava à distinção de maneiras a elegância engenhosa de espírito[18]. Esclarece Caetano do Bem que as matérias versadas eram "absolutamente científicas, isto é, questões filosóficas, problemas matemáticos, exposição crítica dos melhores escritores, etc.; e também poesias a vários assuntos, porém estas tais que nem os dentes da bela Laura, nem os olhos de Clóris, nem a boca de Fílis, nem outros semelhantes e efeminados assuntos pudessem aí entrar, nem ser ouvidos". A partir da *Biblioteca Ericeiriana*[19], conhecemos os

---

[18] Cf. José Gonçalo Herculano de Carvalho, *Um Tipo Literário e Humano do Barroco: o 'cortesão discreto'*, Coimbra, 1963 (Separata de *Boletim da Biblioteca da Universidade de Coimbra)*; Paulo Silva Pereira, *D. Francisco Manuel de Melo e o modelo do 'cortesão prudente e discreto' na cultura barroca peninsular*, Coimbra, 2007.

[19] Como já dissemos, assim é designado um extenso catálogo das obras dos escritores pertencentes à Casa da Ericeira, redigido provavelmente pelo IV Conde, D. Francisco Xavier. Encontrámo-lo no final de um dos exemplares da Biblioteca

temas de questões morais eventualmente debatidas nas Conferências Discretas (ou na futura Academia Portuguesa): por exemplo, "Qual é mais sensível, padecer culpado ou inocente?", "Qual é o maior mal no amor, o ciúme ou a desesperação?", "São os louvores prejudiciais, porque fomentam a vaidade, ou úteis, porque fomentam a virtude?" O mesmo catálogo refere também numerosos títulos de obras científicas que corresponderiam a comunicações apresentadas pelo Conde da Ericeira; citem-se alguns que permitem inferir-se ter ele sido um propugnador da "filosofia natural": *Se só pela Álgebra podem aprender--se todas as outras ciências*; *Dissertação do fluxo e do refluxo das marés*; *Dissertação do movimento que se atribui à Terra*[20].

O estudo da língua portuguesa estaria ainda presente nas sessões académicas, com participação muito ativa do Fidalgo e de D. Rafael Bluteau (já ocupado na composição do seu *Vocabulário Português e Latino*, cujo primeiro tomo apareceria em 1712)[21]. Nas questões versadas, entravam o uso correto dos vocábulos, a identificação das palavras antiquadas e das que ainda não estavam inteiramente admitidas, a necessidade de introdução de "vozes estranhas para suprir a falta

---

Nacional do seu poema heroico, *Henriqueida*. Tal apêndice não figura, porém, noutro exemplar do poema pertencente à mesma Biblioteca, bem como no existente na Biblioteca Geral da Universidade de Coimbra. Todos os exemplares pertencem, contudo, à mesma edição da *Henriqueida*, a única que o poema conheceu (1741).

[20] Deste último título se conclui que o Conde da Ericeira já reconheceria o erro do sistema ptolomaico, referindo-se, porém, timidamente ao assunto (como ainda faz em 1741, numa das notas à *Henriqueida*).

[21] D. Rafael Bluteau (1638-1734), Clérigo Regular Teatino (ou seja, da Ordem de S. Caetano, posteriormente designada por Ordem dos Clérigos Regulares da Divina Providência ou dos Teatinos), filho de pais franceses, veio para Portugal em 1668, após estudos universitários realizados em Itália e França. Sob aspetos vários, tem a configuração intelectual de um adepto da epistemologia experimentalista, detrator da escolástica e, no campo literário, seguidor do magistério de Boileau. Foi um importante elo de ligação entre Portugal e a cultura francesa. Os oito volumes do *Vocabulário Português e Latino* acabaram de surgir em 1721, e foram seguidos, em 1728, por dois volumes de *Suplemento*. Para além de Sermões e outras obras, publicou *Prosas Portuguesas* (Orações recitadas em diversas agremiações académicas). Por ocasião da sua morte, o Conde da Ericeira pronunciou o seu elogio, publicado na *Coleção dos Documentos e Memórias* da Academia Real da História.

de nomes próprios", problemas de etimologia, pronúncia, ortografia e gramática[22]. A língua era pois considerada uma criação evolutiva, aconselhando-se todavia que se ajuizasse neste domínio com prudência, defendendo o vernáculo e controlando a "importuna audácia" com que as "palavras estranhas" tendiam a "atropelar" as nativas[23]. Refere a *Biblioteca Ericeiriana* que D. Francisco Xavier de Meneses produziu vinte e oito *Discursos Filológicos*, entre os quais figurou, por exemplo, *Observações ortográficas: Se na língua portuguesa hão-de preferir na ortografia a origem ou a pronúncia*[24]; e sabemos datar de 1706 – ou seja, de pouco após a suspensão das "Conferências" – a dissertação, misto de história e de filologia, *Porque chamam os Castelhanos ouro de Tibar ao mais puro ouro*[25], eruditíssima resposta do Conde da Ericeira a uma questão formulada, sem dúvida naquela assembleia, por D. Francisco de Sousa, um dos seus membros.

Neste campo da língua, notória atenção concedeu a academia a questões de poética, na mira de contrariar o exagero e o artifício que, na expressão literária, vigoravam entre nós desde Seiscentos – importante empenho inovador, que quadrava à defesa da razão proclamada noutras áreas, em particular nas científicas. Coube pre-

---

[22] Caetano do Bem, *Memórias Históricas Cronológicas da Sagrada Religião dos Clérigos Regulares em Portugal*, 1792, Tomo I, Livro VI, pp. 303-304.

[23] Leia-se, de Bluteau, o *Oratório requerimento de palavras portuguesas agravadas, desconfiadas e prudentes*, inserido na primeira parte das suas *Prosas Portuguesas* (1727-1728), pp. 3-15.

[24] Este interesse do Conde da Ericeira sobre questões ortográficas manteve-se até tarde. Data de 1737 a sua resposta a questões deste teor levantadas pelo Pe. João Baptista de Castro. Veja-se, de Maria Filomena Gonçalves, *"Historiografia menor" da questão ortográfica em Setecentos, proposta que fez o Pe. João Bautista de Castro aos eruditos da Corte de Lisboa*, estudo feito a partir do códice CXII/2-7 da Biblioteca Pública de Évora, fls.421-425. A questão do Pe. Baptista de Castro dizia precisamente respeito à preferência a dar, na ortografia, à etimologia ou à pronúncia; a resposta do Conde da Ericeira dá em muitos casos a preferência à pronúncia. *In Linguística Histórica e História da Língua. Atas do Colóquio de Homenagem a Maria Helena Paiva* (ed. de A. M. Brito, O. Figueiredo, C. Barros), Faculdade de Letras da Universidade do Porto - Secção de Linguística do DEPER, Porto, DEPER, 2004, pp. 107-127.

[25] Biblioteca da Ajuda, cód. 49-II-67, fls.1-6.

cisamente a D. Francisco Xavier de Meneses levar a cabo o primeiro esforço sistemático em prol da simplificação estilística e da clareza da construção textual, realizando a tradução em oitava rima da célebre *Arte Poética*, de Boileau (1674), com quem D. Rafael Bluteau o teria posto em contacto[26]. Essa tradução, concluída à volta de 1697 (mas só publicada em 1793, largos anos após a morte do Fidalgo[27]), marca entre nós os primórdios do reinado do neoclassicismo francês que viria a impor-se na segunda metade do século XVIII, com o seu culto da elegância feita de bom senso, razão, simplicidade, decoro – facto por si só bastante para que o nome do Conde da Ericeira se tenha inscrito na nossa história literária. (Recorde-se que, em Espanha, só em 1737 surgiria a *Poética* de Luzán, portadora de um propósito idêntico de renovação literária).

Trata-se todavia de um texto de curioso hibridismo, tão expressivamente documenta a dificuldade de levar à prática a novidade da doutrina proclamada. Se o Conde da Ericeira adota fielmente o conteúdo do preceituário de Boileau, fica efetivamente longe, na sua escrita, da clareza, frequentemente lapidar, dos alexandrinos franceses, tão afeita estava a sua mão aos vezos da forma seiscentista, com recurso a um vocabulário ora demasiado abstrato e perifrástico, ora repleto de imagens rebuscadas e subtis jogos de conceitos. Só alguns exemplos: os alexandrinos "La rime est une esclave et ne doit qu'obéir" e "Qui ne sait se borner ne sut jamais écrire" são traduzidos pelos decassí-

---

[26] Já algumas vozes se tinham insurgido contra o exagero e o artifício da escrita seiscentista. Lembrem-se: o *Sermão da Sexagésima* do Padre António Vieira contra os excessos do estilo oratório corrente na época, a composição *Pegureiro do Parnaso* (incluída no Vol. V da *Fénix Renascida*), de Diogo Camacho, ou, de 1695, o *Serão político, abuso emendado, dividido em três noites para divertimento dos curiosos*, de Frei Lucas de Santa Catarina.

[27] A edição de 1793 surgiu no *Almanaque das Musas*, coleção formada quase totalmente por poesias dos membros da Academia das Belas Letras de Lisboa, ou seja, da Nova Arcádia. Autonomamente, o texto foi pela primeira vez impresso em 1818 (Lisboa, na Tipografia Rolandiana). Sobre esta edição organizou José Pedro Machado uma terceira, que inclui a obra de Boileau, um prefácio e notas (Lisboa, Livraria Fernandes, Coleção Bilingue, 1945).

labos "Mas serve como escravo o consoante" e "Quem não detém o arrebatado plectro/ Malquista a voz, desautoriza o metro", onde fica perdida a sua força de verdadeiras divisas em prol da naturalidade e da simplicidade; o passo – "Avant donc que d'écrire apprenez à penser./Selon que votre idée est plus ou moins obscure,/ L'expression la suit, ou moins nette ou plus pure./ Ce que l'on conçoit bien, s'énonce clairement,/Et les mots pour le dire arrivent aisément" – é dado por estoutro "Cuidai se de escrever tendes intentos,/ Dando à ideia as luzes mais intensas, / Que o que puro ou confuso se concebe/ Mais claro ou mais escuro se percebe", que suscita idêntico comentário.

D. Francisco Xavier de Meneses enviou a Boileau a sua tradução, acompanhada de uma carta e de versos em francês da sua autoria, recebendo dele uma resposta de louvor e agradecimento, com a promessa de inclusão desses textos na edição das suas obras que preparava[28] – o que não veio a acontecer; pouca verdade haveria, aliás, sob a amabilidade superlativa das suas palavras, como se infere de passos da sua correspondência ao amigo Brossette, que revelam ter-se baseado em opiniões alheias para avaliar a tradução portuguesa (desconhecia a nossa língua) e não considerar dignos de publicação os versos franceses do Conde. Decidiria o Fidalgo não publicar estes textos seus por lhe ter chegado alguma notícia dos juízos desfavoráveis de Boileau? É o que pressupõem alguns, embora pareça contrariá-lo a referência, nas "Advertências Preliminares" da *Henriqueida* (1741), às palavras elogiosas que o poeta francês dirigira à sua tradução e aos seus versos, bem como a manifestação do propósito de vir a dar

---

[28] A carta a Boileau e os versos franceses do Conde da Ericeira não são conhecidos; conhece-se ao invés a resposta de Boileau, integrada nas *Oeuvres de Nicolas Boileau Despréaux. Avec des Éclaircissements historiques donnés par lui-même. Nouvelle édition, corrigée et augmentée de diverses remarques* (Amesterdão, Tomo II, 1749, pp. 269-271). A edição de 1818, da tradução do Conde da Ericeira, inclui a tradução desta carta, reproduzida na edição de José Pedro Machado. Camilo Castelo Branco também traduziu a carta de Boileau no seu *Curso de Literatura Portuguesa*, ao tratar das relações epistolares entre D. Francisco Xavier de Meneses e o poeta francês.

a lume todo esse conjunto textual, acrescido da própria *Art Poétique* francesa, após surgir a edição da epopeia e de cinco volumes de outras obras poéticas suas.

A suspensão das "Conferências Discretas e Eruditas" ter-se-á dado entre 1704-1705, quando D. Francisco Xavier de Meneses foi chamado ao exercício de atividades militares e civis que o afastaram de Lisboa. José Soares da Silva escrevia, em 3 de maio de 1704, na sua curiosa *Gazeta em forma de carta*: "Meu amigo, o Conde da Ericeira, está de partida para vir a ser um *ex utroque Caesar*, e se acha, me disse ele, com uns formosos dez mil cruzados gastos em tendas e aprestos de guerra sumamente ricos. Sinto que cá lhe fiquem as dez mil joias da sua livraria sem exercício, para serem, mais que as barracas e mais injustamente, recetáculo do pó e nutrimento da traça"[29]. Outros se manifestam de modo semelhante, como o autor anónimo da *Oração Panegírica*, ou D. Rafael Bluteau, nas *Prosas Portuguesas*, ao lamentar ter vindo Marte "profanar os sacrários da ciência".

* * *

As novas incumbências levam o Conde da Ericeira ao Alentejo, onde é, entre 1705 e 1707, Governador de Évora. Instalado no solar da família Cadaval, entrega-se, para escapar ao tédio de uma ociosidade relativa, a investigações sobre o passado histórico da cidade, estudando os manuscritos da rica Biblioteca da Cartuxa – pesquisas que terão levado, na futura Academia Real da História Portuguesa, a ser-lhe pedida a composição em português das memórias do bispado de Évora. Por repetidas instâncias suas, no desejo de cargo de maior atividade, é feito em 1707 Sargento-mor

---

[29] José Soares da Silva, *Gazeta em forma de carta* (Anos de 1701-1716), Lisboa, 1933.

de Batalha da província do Alentejo, tomando brilhantemente parte nas campanhas de 1707, 1708, 1709, 1710 e 1712. Tinha entretanto passado a exercer cumulativamente (1709) mais um alto cargo, o de Deputado da Junta dos Três Estados.

Por 1713-1714, sossegado o país da Guerra da Sucessão de Espanha, D. Francisco Xavier de Meneses estava de regresso à capital. Até fundar em 1717 nova academia própria – a Academia Portuguesa –, estabelecida no Palácio da Anunciada, entrega-se à vida social e cultural, frequentando agremiações por então criadas sob o ímpeto deixado pelas Conferências Discretas e Eruditas.

Uma das mais relevantes foi a Academia dos Anónimos, surgida em Lisboa em 1714 (terá perdurado, pelo menos, até 1725). Se o Fidalgo não parece ter feito parte dos seus membros, colaborou frequentemente nas suas reuniões, a acreditarmos no autor da *Oração Panegírica*. Ter vindo a englobar na Academia Portuguesa quase todos os Anónimos só confirma que laços estreitos o prendiam a essa agremiação, dedicada a trabalhos literários e históricos (não integrava nas sessões matérias científicas). Entre os seus membros mais conhecidos figuraram Francisco Leitão Ferreira (1667-1735), que ali pronunciou lições de retórica depois reunidas em *Nova Arte de Conceitos*[30], Lourenço Botelho de Souto Maior, também mestre de

---

[30] Surgida em duas partes, 1718-1721, a *Nova Arte de Conceitos* é muito devedora ao italiano Manuel Tesauro, que interpretou a poética de Aristóteles à luz dos gostos seiscentistas (*Il cannocchiale aristotelico*, 1654); também cita, porém, desde Gracián a Boileau, Rapin, Lamy, Muratori. As posições estético-literárias que defende mostram o ecletismo do autor, apegado ao barroco, mas mostrando, contudo, algum desejo moderno de clareza. Como sublinha Aníbal Pinto de Castro (*Retórica e Teorização Literária em Portugal - Do Humanismo ao Neoclassicismo*, Coimbra, Centro de Estudos Românicos, 1973), sendo "essencialmente uma ´teoria do conceito´, considerado a pedra angular da elegância literária, trata-se de uma *arte nova*, isto é, de uma teoria renovada do conceito, ou que, pelo menos, se apresentava como tal" (p. 194). Acentuando que o conceito consiste no abuso da metáfora, tornada mais difícil pelo aparente afastamento dos seus termos, de modo a fazer surgir no espírito de quem a entende, de modo novo e fulgurante, a relação entre esses termos (e daí a importância da argúcia ou da agudeza para a sua obtenção), a *Nova Arte de Conceitos* sustenta a importância do intelecto e defende o equilíbrio, a sobriedade, a clareza (Gracián é, aliás, bastante criticado). Diz ainda Aníbal Pinto de Castro

retórica, Inácio de Carvalho, que expôs as regras do poema épico, Martinho de Mendonça de Pina e Proença (1693-1743), que virá a publicar mais tarde os célebres *Apontamentos para a Educação de um Menino Nobre* (1734)[31]. Grande parte das produções poéticas apresentadas nas sessões foi compilada nos *Progressos Académicos dos Anónimos de Lisboa*, coletânea surgida em 1718 cujo tom global lembra o da *Fénix Renascida*. As reuniões académicas deviam decorrer com ritualizada pompa, evocada de forma jocosa pelo Cavaleiro de Oliveira (que nelas diz ter participado frequentemente)[32]: "Estas funções se fizeram sempre com muita gravidade, e lembro-me que essa se conservou sempre ainda naquelas chamadas de Domingo Gordo [...]. Todos estes se tinham na conta de grandes homens, e verdadeiramente era uma conta em que todos os homens os tinham [...]. No número dos Académicos havia versistas e havia poetas". A *Gazeta de Lisboa*, em notícias frequentes sobre os trabalhos dos "Anónimos", também nos ajuda a avaliar o artifício solene que acompanharia as sessões. Informa-nos, por exemplo, a 29 de fevereiro de 1716: "A Academia dos Anónimos, embaraçando-lhes a devoção da Quaresma a continuação das suas assembleias, tiveram domingo passado a sua última conferência, em que houve certame, e foi presidente nela José de Sousa, que, sendo cego desde menino, é douto em teologia, filosofia e matemática, e bom poeta, e fez a sua oração em oitava rima". Se o clima geral da academia seria, como podemos imaginar a partir destes dados, de barroco amaneiramen-

---

sobre Leitão Ferreira (p. 226): "Foi anticulteranista ou anticoncetista sempre que sentiu necessidade de pugnar pelo simples e pelo natural do ornato retórico, ou pela verdade e verosimilhança da agudeza, contra o empolado, o ridículo, o afetado e o falso do estilo ou do conceito."

[31] Os *Apontamentos para a Educação de um Menino Nobre* (1734) procuraram divulgar o renovador pensamento pedagógico de Locke, Fénelon, Rollin, tratando da educação física, moral e intelectual dos jovens (sobretudo da educação moral). Pelas ideias defendidas, a obra aponta, entre nós, para as posições de Verney ou Ribeiro Sanches.

[32] In *Mémoires Historiques, Politiques et Littéraires concernant le Portugal et toutes ses dépendances*, La Haye, 1743, Vol. II, pp. 374-375.

to, nele perpassariam, contudo, alguns laivos de espírito moderno, como nos permite inferir a presença, entre os membros, de Francisco Leitão Ferreira e Martinho de Mendonça de Pina e Proença.

Outras academias frequentadas pelo Conde da Ericeira neste período foram a Academia do Núncio, criada em 1715 (extinguiu-se no final do ano imediato), e a Academia dos Ilustrados, fundada em 1716 (a *Gazeta de Lisboa* ainda se lhe refere em 1720).

A primeira, criada por Monsenhor Firrau, núncio extraordinário enviado a Lisboa pelo Papa Clemente XI (deslocado para a Suíça no ano seguinte), dedicava-se, com grande concurso das autoridades oficiais, da melhor nobreza e do mais alto clero, ao estudo dos grandes concílios e dos cânones e dogmas então estabelecidos. A D. Francisco Xavier de Meneses coube a honra de pronunciar, a 24 de agosto de 1715, a oração de abertura, "muito erudita e eloquente", segundo a *Gazeta de Lisboa*; em sessões subsequentes, o Fidalgo continuou a intervir sobre matérias eclesiásticas com aplauso unânime, afirmando D. José Barbosa (no *Elogio* que dedicou à sua memória): "[...] os maiores professores destas sagradas ciências, que eram sócios da mesma academia, se admiravam de ouvirem tão profunda erudição em uma pessoa tão distante daquelas profissões. Mas desculpe-se esta admiração, porque não conheciam a elevadíssima esfera do Conde da Ericeira, a cuja sublime delicadeza de entendimento não havia segredo que fosse oculto."

A Academia dos Ilustrados, essa, dedicava-se, na sequência das Conferências Discretas e Eruditas, não só ao cultivo da poesia, mas também da filologia, da poética, da história, da política e das ciências experimentais. A ela esteve ligada a família do futuro Marquês de Pombal, que, aliás, ainda a frequentou na juventude. José de Carvalho e Melo, seu avô, foi o patrono da agremiação, onde tratou de matérias filológicas; seu pai, Manuel de Carvalho e Ataíde, também se notabilizou nos trabalhos académicos, consagrando-se a questões de história e de política; Luís de Abreu de Freitas encarregou-se não só de exposições sobre "filosofia natural", mas, curiosamente, também de lições sobre poética, que incluíram o comentário da *Ulisseia ou Lisboa Edificada*, de Gabriel Pereira de Castro, epopeia em dez cantos e oitava rima (1636) repleta de ecos antigos e camonianos e já tocada pela voga adquirida por Torquato Tasso.

* * *

A partir de 1717, os esforços do Conde da Ericeira concentraram-se, porém, na citada Academia Portuguesa (alguns ainda lhe chamam Academia dos Generosos), estabelecida na livraria do seu Palácio da Anunciada sob um título inspirado no da prestigiada Academia Francesa (a primeira sessão teve lugar a 26 de maio). Presidiam à nova agremiação, se a compararmos às anteriores, largos objetivos culturais dentro de uma orientação modernizante, revestida embora de aparato formal barroco. Noticiando o acontecimento, a *Gazeta de Lisboa* de 10 de junho de 1717 sublinhava o caráter progressista da agremiação: "O Conde da Ericeira, querendo fazer comunicável a sua universalidade em toda a literatura e dirigir os corações e os discursos às virtudes morais e às ciências, tirando destas as especulações inúteis, instituiu no seu palácio um congresso de pessoas eruditas, com o título de Academia Portuguesa [...]". As sessões, que eram semanais, compreendiam lições de filosofia, dissertações matemáticas, físicas, morais e críticas, experiências com recurso a instrumentos existentes na livraria do Palácio[33], leitura de composições poéticas, proposição de motes, análise de questões de língua portuguesa, no-

---

[33] O Pe. António Carvalho da Costa afirma, na sua *Corografia Portuguesa e descrição topográfica do famoso Reino de Portugal*, que a Biblioteca do Conde da Ericeira era "a melhor de Portugal pelo numeroso e seleto, adornada de globos e instrumentos matemáticos, medalhas e outras antiguidades" (Lisboa, 1712, Tomo III, p. 438). Sabemos também que o Fidalgo possuía um museu de história natural, a que se refere na nota 502 ao Canto VII da *Henriqueida*.

tícias literárias da Europa. Os membros eram numerosos (integrando a quase totalidade dos académicos Anónimos e alguns Ilustrados). D. Rafael Bluteau dá, na primeira parte das *Prosas Portuguesas*, uma lista de vinte (mas a totalidade excedia esse número), com a indicação das matérias que professavam; citamos alguns passos:

"Marquês de Alegrete – os vícios da eloquência.

Conde de Vila-Maior – matemáticas pertencentes a cavalheiros.

Visconde de Asseca – paradoxos académicos.

José Soares da Silva – a política.

Manuel Pimentel – a filosofia natural.

Pe. António de Oliveira de Azevedo – a ética dos modernos.

Francisco Leitão Ferreira – a arte simbólica.

Manuel de Azevedo Fortes – a lógica moderna comparada com a antiga.

Pe. Manuel Caetano de Sousa – filosofia moral.

Pe. José Barbosa – lições de dendrologia.

Pe. Jerónimo Contador de Argote – as fábulas da história.

Pe. D. Rafael Bluteau – as excelências e documentos do sábio cristão."

A partir da *Gazeta de Lisboa*, podemos referir mais alguns membros, de entre os quais Filipe Maciel, lente de Leis da Universidade de Coimbra, que tratou questões de direito, o Pe. Bartolomeu Lourenço de Gusmão (o inventor da "passarola"), que estudou os "problemas impossíveis", Martinho de Mendonça de Pina e Proença, que versou as "fábulas".

O Conde da Ericeira participou ativamente nos trabalhos académicos. Fez algumas lições de filologia, geografia, "filosofia natural" e matemática, mas tratou sobretudo de questões pedagógicas[34]. Curioso

---

[34] No Catálogo das obras do Conde da Ericeira, apenso ao poema *Narciso de Hipocrene*, intitula-se *Método de Estudos* o tomo VII das suas obras manuscritas; nele

de quanto se passava no estrangeiro no domínio cultural, tomou ainda a seu cargo a comunicação de notícias literárias da Europa; e estando já ocupado na composição do seu poema épico *Henriqueida*, submetia alguns passos, no final de cada sessão, à apreciação dos colegas.

Conclui-se do que ficou dito que era efetivamente grande a supremacia intelectual da Academia Portuguesa. Daí os elogios encomiásticos que lhe fizeram os contemporâneos. O autor da citada *Oração Panegírica* escreve admirativamente: " Mas que direi, senhores, do que se trata naquela literária palestra? Oh que sábios produtos de um sublime estudo apareciam nela! Oh que conceituosas e elegantes poesias! Oh que discretas e eloquentes prosas! Que eruditas dissertações se fizeram! Que sábios discursos se recitaram! Que subtis argumentos se ouviram!" Dom Rafael Bluteau dedica à agremiação o texto que, nas *Prosas Portuguesas*, intitula *Academia Teológica*[35], demorando--se a traçar um paralelo com as infrutuosas academias precedentes – cita, por exemplo, a dos "Singulares" – que acusava, sobretudo, de praticarem poesia fátua e alambicada: "O engenho, discrição, agudeza e primor poético com que os académicos trataram [...] semelhantes assuntos, certamente é digno de admiração; não pode haver assuntos mais inúteis e menos dignos do talento, habilidade e ciência de tão

---

estariam provavelmente contidas as lições que neste campo pronunciou na Academia Portuguesa. Barbosa Machado dá também notícia deste volume na *Biblioteca Lusitana*. Estava dividido nas partes seguintes: "1. Máximas do método dos estudos; 2. Estudos pelas idades; 3. Estudos pelas horas do dia; 4. Estudos pelos temperamentos; 5. Estudos de um príncipe; 6. Estudos de um general; 7. Estudos de um eclesiástico; 8. Estudos de um embaixador; 9. Estudos de um ministro; 10. Estudos de um tradutor". Parece depreender-se deste plano um certo esforço moderno de adequação do ensino às capacidades do educando e aos objetivos da educação. Salgado Júnior, que trata do assunto no prefácio do vol. IV da ed. Sá da Costa do *Verdadeiro Método de Estudar*, de Verney, pp. XXXIII e ss., fala-nos da analogia do plano do Conde da Ericeira com o de *Traité du Choix e de la Méthode des Études*, do historiador eclesiástico Claude Feury. Ou já teria o Fidalgo um vago conhecimento das ideias pedagógicas de um Locke? Recordemos que era membro da Academia Portuguesa Martinho de Mendonça de Pina e Proença, o autor dos *Apontamentos para a Educação de um Menino Nobre*, onde a presença de Locke é notória.

[35] *Prosas Portuguesas*, Lisboa, 1728, 1ª parte, pp. 327-362.

grandes sujeitos [...]. Não vi presunção mais ridícula do que com um soneto a um cravo na boca de Fílis, ou com um madrigal a uma rosa na mão de Clóri pretender ser benemérito da República das Letras". Era por isso, às academias famosas no mundo culto europeu que comparava a Academia Portuguesa: a Sociedade Real de Londres, a Academia Francesa, a Academia Real das Ciências de Paris.

Não suponhamos, porém, que a ousadia "moderna" da Academia Portuguesa, sob a batuta do Conde da Ericeira, fosse muito longe em tomadas de posição iluministas. Um pequeno discurso do Fidalgo "sobre a ciência mais própria de um cavalheiro"[36], talvez integrado nas questões pedagógicas que tratou, revela-nos bem a moderação das posições intelectuais que defendia. O que nos diz remete com efeito para um ensino ainda conduzido pelo ideal do "cortesão discreto", embora ecoe aqui e além o apego à observação e o culto da ciência, apanágio do "philosophe". Divide o seu trabalho em duas partes, considerando na primeira o "cavalheiro" isolado, trabalhando só para si, e na segunda o "cavalheiro" integrado na vida da nação. No primeiro caso, o Conde aconselha uma cultura mais ou menos enciclopédica, que tendia não tanto a dar uma visão esclarecida do mundo e dos homens pelo desenvolvimento do espírito de análise e de crítica, mas antes a permitir brilhar num salão elegante. Por isso D. Francisco Xavier não é apologista da especialização: "Se o [o "cavalheiro"] quiséramos doctíssimo de qualquer ciência, parecera mais anacoreta sepultado em uma profunda meditação, que cortesão perfeitamente ornado de todos os esmaltes que fazem realçar o esplendor do seu nascimento". O "cavalheiro" será um católico convicto. Para tanto ensinar-se-lhe-á em primeiro lugar a teologia escolástica, por levar ao conhecimento de Deus e dos seus atributos, de que derivam "o conhecimento e a prática da justiça e do direito, a polémica e a moral ou ética"; ensinar-se-lhe-á também a cosmografia celeste e ter-

---

[36] Este discurso encontra-se no ms. 342 da BGUC Coimbra, fls. 272-278.

restre por levarem estes estudos ao conhecimento do mundo criado por Deus e, por conseguinte, ao seu louvor (a propósito da astronomia, o Conde da Ericeira patenteia um assombro entusiástico pelas maravilhas que a moderna aparelhagem revelara e pelas importantes conclusões da investigação científica, aludindo, mas de modo ainda pouco categórico, à teoria de Copérnico). Finalmente, ensinar-se-lhe-á a filosofia, "depósito de todas as ciências, guia da vida, investigadora de todas as virtudes, inimiga de todos os vícios, e sem a qual, finalmente, a vida do homem tivera menos de racional". Por Aristóteles confessa grande estima. "Referira" – escreve – "os elogios que lhe dão todos os sábios de todos os séculos, se não temera os turbilhões de Descartes e o escândalo de todos os seus sequazes, porque talvez alguns nos estejam ouvindo" (se o discurso foi pronunciado na Academia Portuguesa, ouvi-lo-ia provavelmente pelo menos Manuel de Azevedo Fortes, cartesiano convicto[37]).

A segunda parte do discurso – a que considera o "cavalheiro" integrado na vida da nação – mais conservadora se mostra ainda. Diz o Conde da Ericeira, efetivamente, que "como político é conveniente ao Estado que ignore as ciências", porque elas, tal como a cultura literária, são incompatíveis com a força militar: um príncipe, por exemplo, deve conhecer, sim, a história, as artes militares, a geografia e as línguas estrangeiras. De notar é, porém, que este repúdio da cultura científica e literária na instrução do político está na razão direta da intensa atração do Fidalgo pela aventura intelectual. "A razão desta que, na verdade, parece sem razão consiste na violência com que arrasta os sentidos e potências o amor insaciável dos estudos, que infunde juntamente um esquecimento de todas as mais ações da vida que não é fácil moderar e nociva ao bem público". De qualquer forma, estamos longe ainda, como vemos, do ideal de paz e monarquia "iluminada" que os "philosophes" cultivavam.

---

[37] Sobre Manuel de Azevedo Fortes, veja-se, *supra*, nota 11.

As lições de política professadas por José Soares da Silva na Academia Portuguesa[38] corroboram a ausência de posições inovadoras ou polémicas neste campo. Começando pela afirmação de que a melhor forma de governo é a monarquia aristocrática e hereditária, tornam-se num longo panegírico de D. João V, apresentado como exemplo de um príncipe perfeito, a partir do qual são estudadas as qualidades mais necessárias ao bom monarca. Nas sessões da Academia abundou, aliás, a apresentação de poesias de circunstância laudatórias da família real, cuja proteção foi largamente obtida. Algumas reuniões realizaram-se mesmo no paço régio, como a que teve lugar a 30 de dezembro de 1717; no relato que dela fez a *Gazeta de Lisboa* pode ler-se:

"A Rainha, nossa Senhora, querendo celebrar o nome de Sua Majestade na segunda oitava, dia de S. João Evangelista, ordenou ao Conde da Ericeira, D. Francisco Xavier de Meneses, fizesse no paço a assembleia da Academia Portuguesa, de que era Secretário, cujas sessões se fazem regularmente em sua casa. Fez-se este ato na última antecâmara do quarto da mesma Senhora, que estava magnificamente ornada, como sempre, com tapeçarias ricas, candeeiros de cristal e de prata, assistindo em público Suas Majestades e Altezas, com acompanhamento de Damas, Senhoras e muitos fidalgos. Entraram todos os académicos que tinham feito obras em prosa ou em verso. Havia assentos destinados para o Secretário e Mestres enquanto liam. A música e instrumentos, no princípio, no meio e no fim do ato, repetia as letras que para ele tinha feito o mesmo Conde; e ele recitou um discurso com que deu princípio à sessão, acomodando o instituto da Academia à grandeza e circunstância do dia. Seguiu-se o Pe. D. Manuel Caetano de Sousa, Clérigo Regular da Divina Providência, Deputado no Tribunal da Bula da Santa Cruzada, com uma lição de filosofia moral, a quem argumentou

---

[38] Essas lições encontram-se no ms. 176 da BGUC.

33

o Conde da Ericeira; leu astronomia Manuel Pimentel, Fidalgo da Casa Real e Cosmógrafo-mor; leu-se um discurso na língua latina sobre a História, feito por António Rodrigues da Costa, Cavaleiro da Ordem de Cristo e Deputado do Conselho Ultramarino; explicou o Pe. D. Rafael Bluteau, Prepósito dos Clérigos Regulares da Divina Providência, a doutrina dos sete sábios da Grécia; e todos, com grande erudição e engenho, sem alterar os exercícios académicos, os converteram em panegíricos de Suas Majestades. Leu depois o Secretário as poesias compostas por vários fidalgos e cidadãos, em diferentes metros e línguas; e em último lugar, se leu, como é costume, um extrato e crítica dos livros novos que saem em Europa. A Rainha, nossa Senhora, mandou, pela Senhora Marquesa de Unhão, agradecer ao Conde da Ericeira o que tinha obrado, e que da sua parte significasse o mesmo aos Mestres e Académicos."

Do apreço régio pela Academia Portuguesa, semioficializada, testemunha o facto de ter sido a totalidade dos seus membros incluída na Academia Real da História Portuguesa criada por D. João V em dezembro de 1720. Pode dizer-se, como afirmaram alguns contemporâneos, que esta nasceu verdadeiramente daquela.

As sessões da "Academia Ericeiriana" prolongaram-se até meados de 1722; a sua suspensão ter-se-á devido à sobrecarga de trabalho que a academia régia trouxe aos seus membros.

* * *

A Academia Real da História, composta por cinquenta elementos e ostentando a divisa "Restituet Omnia", recebeu como tarefa primordial levar a cabo a história eclesiástica e secular de Portugal e seus domínios, desenvolvendo aturadas buscas para inventário e defesa do património, na prática de uma investigação que se queria rigorosa, liberta das fantasias do velho historicismo monástico. Propôs-se também realizar um vasto programa de publicações, que veio a traduzir-se em notáveis obras de recolha documental, movidas, não por propósitos interpretativos, mas por exaustiva erudição. Citem-se as *Notícias Cronológicas da Universidade de Coimbra*, de Francisco Leitão Ferreira (1729), as *Memórias para a História do Governo de D. João I*, de José Soares da Silva (1730-1734), a *História Genealógica da Casa Real Portuguesa* (1735-1748), de Caetano de Sousa, as *Memórias para a História de Portugal que compreendem o Governo de D. Sebastião*, de Diogo Barbosa Machado (1736-1751), as *Memórias para a História Eclesiástica do Arcebispado de Braga*, de Jerónimo Contador de Argote (1732-1747). O primeiro grande inventário bibliográfico português, a *Biblioteca Lusitana* (4 volumes, 1741-1758), de Barbosa Machado, nasce do mesmo espírito, também presente nos 16 tomos (1721-1736) da importante *Coleção de Documentos e Memórias da Academia Real da História Portuguesa*.

Ao Conde da Ericeira coube desde início um papel importante no instituto régio, onde boa parte da energia se gastou, porém, em panegíricos à família real e elogios mútuos, entre lustrosas galas retóricas. Além de ter sido um dos primeiros diretores e censores eleitos por sufrágio dos académicos, recebeu, com o Marquês de Alegrete e o Pe. Manuel Caetano de Sousa, a tarefa de redigir os estatutos da Academia; e foi-lhe confiada a redação em português da história do Arcebispado de Évora, missão justificada sem dúvida pelas investigações históricas que levara a cabo, como atrás dissemos, quando fora governador militar da cidade. Não completou este trabalho; mas da tenacidade e minúcia das pesquisas que realizou falam as várias "contas" que deu dos seus estudos e um volumoso códice manuscrito, conservado na Biblioteca da Ajuda[39], onde se acham reunidos variadíssimos textos com eles relacionados.

---

[39] Códice 49-IV-8, de 541 pp.

Outros trabalhos em que D. Francisco Xavier de Meneses se envolveu terão contribuído para que protelasse a elaboração das *Memórias Eclesiásticas de Évora*. Durante os anos de 1724-1725-1726, as "contas de estudo" que forneceu foram na sua maioria, preenchidas pelo criterioso catálogo que empreendeu da biblioteca do Conde de Vimieiro, que investigara durante a sua permanência no Alentejo, coleção riquíssima que pertencera em parte ao Chantre Manuel Severim de Faria. Agradeçamos ao Fidalgo a lucidez com que viu a importância de serem pesquisados arquivos particulares como esse. Na sessão académica de 9 de agosto de 1724, afirmou, justificando o abandono temporário das *Memórias Eclesiásticas de Évora* com estoutro empreendimento: "E desejara que este exemplo se seguisse, porque me persuado que depois de impressos semelhantes catálogos é só quando poderá saber-se donde existem os mais copiosos monumentos dos sucessos ignorados; e vou com grande gosto reconhecendo que muita parte dos livros que supúnhamos perdidos estavam só ocultos, mais por descuido que por avareza de muitos que os possuíam". Vários académicos admitiram o interesse deste tipo de investigações, como mostra a distribuição por alguns do estudo de livrarias particulares; cedo os desencorajou, porém, o esforço que a tarefa requeria, facto de que se queixa o Conde da Ericeira na sessão de 23 de agosto de 1724.

Outra custosa empresa de que D. Francisco Xavier de Meneses se encarregou por solicitação da Academia, de grande relevo para avaliarmos a sua configuração intelectual e polimorfa cultura, foi levar a cabo os *Extratos Académicos dos Livros que a Academia de Petersburg mandou à de Lisboa*, inseridos no volume de 1736 da *Coleção de Documentos e Memórias da Academia Real da História Portuguesa*[40]. A valiosa oferta russa, em parte devida a António Ribeiro Sanches, trazia consigo um pedido de intercâmbio cul-

---

[40] Os mesmos *Extratos* [...] apareceram em Volume à parte em 1738.

tural que documenta o desejo de partilha e internacionalização do saber, bem característico do espírito das Luzes. Os *Extratos*, acompanhados por comentários, dividem-se em três áreas principais – matemática, física e história –, envolvendo os mais variados assuntos, desde o cálculo infinitesimal à resolução de equações algébricas, à análise dos movimentos do coração e do mecanismo circulatório, às teorias astronómicas de Kepler, Galileu e Newton, às investigações históricas, às descrições de plantas exóticas, à exegese cristã. O próprio Conde da Ericeira afirma que os seus textos eram por vezes "deficientes", pois seria necessária, para desempenho cabal da missão de que tinha sido incumbido, uma "universal erudição" que reconhecia faltar-lhe; largamente nos provam eles, porém, a situação cultural do Fidalgo no dealbar do Iluminismo entre nós.

Ponhamos em relevo, para o documentar, algumas das coordenadas que sobressaem no seu pensamento ao longo dos *Extratos*. Avultam a crença vigorosa na utilidade da ciência e no progresso que dela vinha resultando, bem como a afirmação da necessidade de se proceder na investigação científica por "espírito geométrico" (pois os princípios matemáticos "são os que devem ter por seguros os que só podem chamar-se filósofos"), recorrendo, sempre que possível, à experimentação. Comentando uma obra sobre mecânica de Jacob Hermann, D. Francisco Xavier de Meneses afirma, por exemplo, acentuando a superioridade que os modernos tinham, neste campo, sobre os antigos: "A filosofia, que se contenta só com discursos e sem demonstrações nem experiências, nos explicava o centro de gravidade em uma só palavra, a que faltava não mais que o ser sólida e inteligível; porque, por uma qualidade oculta e inclinação natural que supunha tinham os corpos para o centro da terra (como se os corpos sem alma tivessem inclinações), ficava a questão decidida e só lhe ficava ficar demonstrada". Este culto racionalista da experimentação estende-se à medicina, mostrando-nos um Conde da Ericeira liberto de velhos preconceitos ao proclamar a necessidade do estudo da anatomia no cadáver. Louvando experiências deste género realizadas na Rússia, afirma que um médico que não tenha tido contacto direto com o corpo humano é cego, pois não o conhece verdadeiramente, crendo ser bastante para tratá-lo ter lido o que se acha escrito: ora "nem as estampas melhor debuxadas, nem as descrições mais exatas suprem a falta dos olhos", comenta o Fidalgo.

Perpassam nos *Extratos* nomes de grande filósofos e de grandes cientistas muito discutidos então: Descartes, Newton – que o Conde considera "o maior filósofo dos ingleses, que melhor uniu e demonstrou por princípios matemáticos quanto pode ser demonstrável na filosofia natural" –, Kepler, Gassendi, Fontenelle, Voltaire. Em domínios que se mantinham perigosos perante a Igreja, como o heliocentrismo, exprime-se, todavia, com prudência, ainda que deixando transparecer o seu pendor para as posições modernas. Ao analisar a obra *De Planetarum Stationibus*, de Mayer, escreve, por exemplo: "Chamamos aos planetas estacionários quando nos parece que por algum tempo se não movem; e o mesmo entendem os que supõem em outro sistema que a terra se move, na hipótese de que o Sol está firme no centro do mundo [...]. Os dois casos [...] vai tratando o autor, na suposição de que a Terra se move. Mas como a sentença que se deu contra Galileu Galilei proíbe esta afirmativa [...], o respeito que devo a qualquer decreto pontifício me faz não tratar mais largamente da importante matéria astronómica dos planetas estacionários, sumamente necessária para a teórica dos mesmos planetas e para o movimento do primeiro móvel e de todos os outros celestes; sendo certa a conclusão de que, ainda que não possamos perceber que o planeta se move, quando nos parece estar estacionado, é certo que está o defeito nos instrumentos, porque nunca deixam de mover-se aqueles corpos luminosos".

Mesmo em matérias pedagógicas manifesta o Conde da Ericeira, nos *Extratos*, o seu culto da razão. Censurando que no ensino se praticassem entre nós processos autoritários que inoculavam nos espíritos jovens, sem preparação prévia, ideias amalgamadas e confusas, defende a utilização de uma espécie de "método socrático de perguntas e respostas", que fizesse caminhar o aluno de dedução em dedução, com a ajuda do mestre. Por isso louva o *Abrégé des mathématiques pour l'usage de Sa Majesté Impériale de toutes les Russies*, onde também elogia o recurso a gravuras destinadas a tornarem o ensino mais acessível.

Significativo é lembrar ainda que nos livros enviados pela Academia de S. Petersburgo estavam obras sobre civilizações exóticas, bom testemunho da curiosidade universalizante e relativista que tanto caracteriza as Luzes. A China, pela sua filosofia e pela sua literatura, era das regiões que mais interesse suscitara aos académicos russos, como também sucedera, aliás, na restante Europa. D. Francisco Xavier de Meneses partilha desse entusiasmo. Comentando uma tradução da filosofia de Confúcio, escreve corajosamente que "muito útil fora poder resumir a epítome os preceitos da sua filosofia moral, para provar que não houve na Grécia, nem entre os que tiveram a luz da fé, ética mais ajustada com as leis da razão".

De salientar é, enfim, a admiração que o Conde da Ericeira exprime pelo esforço desenvolvido pela Rússia para acompanhar o progresso e colocar-se ao nível da Europa culta. Acentuando a necessidade de intercâmbio entre as várias nações, põe em relevo que a grande via que o país utilizara para se polir fora enviar sábios russos à Europa e chamar à Rússia, sábios estrangeiros "que lhe ensinassem as ciências, artes liberais e mecânicas em que não estavam bem instruídos". Ao falar assim, D. Francisco Xavier de Meneses, tão empenhado na nossa renovação cultural, pensaria com certeza no atraso português e nos meios para o remediar.

* * *

Outras atividades do Conde da Ericeira, paralelas às desenvolvidas na Academia da História, corroboram as suas facetas progressistas. Uma notícia da *Gazeta de Lisboa* (2 de julho de 1722) mostra-o debruçado sobre um telescópio, no eirado do palácio do Infante D. Francisco, a observar um eclipse da Lua. Pouco depois, sabemo-lo ocupado na catalogação das obras da biblioteca real referentes às matemáticas e às artes[41]. Em 1730, é provavelmente ele quem aconselha a D. João V a necessidade de melhorar os estudos médicos no País e, a pedido do Monarca, consulta depois sobre o assunto, em Londres, o Dr. Jacob de Castro Sarmento[42], célebre médico judeu português, aí exilado. A resposta deste aponta, como medidas fundamentais para a pretendida reforma, a tradução das obras de Bacon (o "pai"

---

[41] D. João V aumentou muito a biblioteca real, comprando numerosas coleções de livros repartidas pelas bibliotecas das Necessidades e de Mafra. O Conde da Ericeira dá notícia na *Biblioteca Sousana* (*In Coleção dos Documentos e Memórias da Academia Real da História Portuguesa*, 1735) do modo como foi feita a catalogação da livraria real (sobre esta, consulte-se o vol. I, pp. 177-179, da *História dos Estabelecimentos científicos, literários e artísticos de Portugal*, de José Silvestre Ribeiro).

[42] Jacob (inicialmente, Henrique) de Castro Sarmento (1691-1762), filho de cristãos novos que tiveram problemas com a Inquisição, terminou o curso médico em Coimbra em 1717. Depois de exercer por algum tempo a profissão em Beja e Lisboa, fugiu para Inglaterra em 1721, no receio de perseguições religiosas. Aí, ele e a esposa aderiram à religião mosaica, tomaram nomes hebraicos e voltaram a casar-se na sinagoga. Em 1725, com o apoio da comunidade judaica, foi aceite no "Royal College of Physicians", podendo passar a exercer livremente a Medicina em Inglaterra. Em 1730 tornou-se sócio da "Royal Society", célebre em toda a Europa culta, e nove anos depois obteve o grau de Doutor pela Universidade de Aberdeen, dedicando-se a intensa atividade científica e profissional. Iniciara entretanto numerosos contactos com dirigentes portugueses, em que terá desempenhado papel importante o nosso ministro plenipotenciário em Londres, Marco António de Azevedo Coutinho (a quem dedica em 1735 a sua *Matéria Médica Físico-Histórico-Mecânica*), que o nomeou, em 1738, médico da legação portuguesa. Recordem-se os esforços que Castro Sarmento desenvolveu, com a cooperação da "Royal Society", para criação de um horto botânico em Lisboa e depois em Coimbra, a cuja Universidade ofereceu um microscópio para uso dos professores de Anatomia e Botânica. Através desses contactos com portugueses ilustres, conheceu o futuro Marquês de Pombal, Sebastião José de Carvalho e Melo, que substituiu Azevedo Coutinho em 1739. Nos últimos anos da sua vida, Castro Sarmento, cuja atividade se dirigiu particularmente para os judeus portugueses, abandonou a prática hebraica.

do empirismo), que indicariam o caminho a seguir na investigação científica, e o envio de jovens ao estrangeiro para contacto direto com os conhecimentos e métodos modernos. Aceite a proposta, é novamente D. Francisco Xavier de Meneses o intermediário escolhido para encomendar a Castro Sarmento a tradução das obras do filósofo inglês. Sabe-se que em 1735 o médico remeteu efetivamente para Lisboa as primeiras folhas impressas da tradução que fizera do *Novum Organum*, de Bacon, a fim de serem aprovadas pelo Monarca. Não obtendo, porém, qualquer resposta, escrevia, desgostoso, em 1749, ao Dr. João Mendes Sacheti: "No que respeita à impressão de Baconio, estou sumamente queixoso das ordens que o Conde da Ericeira me deu da parte de S. M., metendo-me em trabalho tão grande e pondo-me na despesa e desembolso que fiquei perdendo"[43]. Pelo Fidalgo mantinha, contudo, alto apreço, desresponsabilizando-o com certeza do malogro da tradução. Na dedicatória ao Marquês de Cascais, D. Manuel José de Castro, de *Teórica verdadeira das marés conforme à filosofia do incomparável cavalheiro Isaac Newton*, obra que Castro Sarmento publicou em Londres em 1737, para "introduzir neste reino a verdadeira filosofia natural ou newtoniana", é muito elogiosamente que se refere (pp. XIV-XV) a D. Francisco Xavier de Meneses: "E se V. E. me der a menor indicação de que lhe não foi desagradável o intento com que escrevi e ofereço aos pés de V. E. o seguinte Tratado; e se me assistir com a sua influência a daquele alto e benéfico espírito que anima os corações portugueses em casa e fora dela, as

---

[43] Cit. por Silvestre Ribeiro, *História dos Estabelecimentos Científicos, Literários e Artísticos de Portugal*, Vol. I, 1871, p. 188. Também não chegou a ser publicada a *Cronologia Newtoniana Epitomizada*, de Castro Sarmento, dedicada a D. João V (Biblioteca Nacional de Portugal (BNP), ms. 593). Não teve resultados concretos a sugestão do médico judeu para que a Universidade portuguesa propusesse doutores e estudantes a enviar ao estrangeiro para prosseguimento de estudos. A Universidade chegou a apresentar as suas propostas, mas só houve depois escusas e dilações, no dizer de Silvestre Ribeiro (*Idem*, p. 188), atribuíveis à versatilidade de D. João V ou a "enredos jesuíticos", como se lê no *Compêndio Histórico da Universidade de Coimbra* (1771).

insinuações daquele alto tesouro de erudição e sabedoria [em nota, "o Excelentíssimo Senhor Conde da Ericeira"], tenho matéria disposta com que talvez faça o maior serviço a minha Pátria".

Jacob de Castro Sarmento, "fellow" desde 1730 da "Royal Society" de Londres, polo incentivador e agregador da comunidade científica inglesa e internacional, não será provavelmente alheio à eleição do Conde da Ericeira, em 1738, como membro dessa famosa academia britânica. É de 1739 a carta (publicada e comentada neste trabalho) em que o Fidalgo, agradecendo vivamente a alta distinção recebida, manifesta o seu entusiasmo pela "filosofia" moderna, em particular por Newton, antigo presidente da sociedade londrina e sua figura emblemática.

* * *

A obra que coroa a produção literária de D. Francisco Xavier de Meneses, a epopeia *Henriqueida*, publicada em 1741 após longos anos de preparação[44], documenta-nos, também ela, a abertura do seu

---

[44] O poema achava-se concluído desde 1738, pelo menos, dado serem desse ano as elogiosas "censuras" do Santo Ofício, do Ordinário e do Paço, necessárias para a impressão. Nas *Advertências Preliminares* sobre as regras da poesia épica que o precedem, esclarece o Conde da Ericeira que principiara a escrever a *Henriqueida* em julho de 1720, em Coimbra e acabara os primeiros quatro cantos em pouco mais de um mês, recebendo incentivos para levar avante a empresa de "alguns dos homens doutos daquela Universidade"; que continuara algum tempo depois o quinto canto, mas que suspendera a composição por onze anos, ocupado pelos trabalhos da Academia Real da História. Relembra ainda as muitas leituras críticas que solicitara: "Na Academia Portuguesa que, renovando a Generosa, se continuava naquele tempo em minha casa, li os cinco cantos e recebi as correções dos académicos. Depois emendei tudo o que doutamente me advertiu Martinho de Mendonça de Pina e de Proença, de quem o nome basta para o elogio; o mesmo digo de Alexandre de Gusmão, que fez um judicioso exame da *Henriqueida*; e era um dos censores desta obra o R. P. D. Manuel Caetano de Sousa, que uniu sempre as mais sublimes faculdades à filologia; o Inquisidor Filipe Maciel interrompeu as suas nobres ocupações para emendar este poema; o Doutor Francisco Xavier Leitão e outros Académicos acharam em mim a devida docilidade às suas justas reflexões [...]; e se os superiores empregos políticos e militares que, para ilustrar outras cortes, exercitava o Senhor

espírito a orientações modernas, mostrando-nos simultaneamente, porém, como o seu gosto permanecia marcado pela exuberância barroca. Por esta desarmonia de tendências, o poema é expressivamente significativo da "crise" cultural que atravessávamos na primeira metade de Setecentos.

A sobrecarregadíssima ação da *Henriqueida* desenrola-se, em doze cantos, em torno da fundação do reino lusitano, quando D. Henrique de Borgonha, senhor do Condado Portucalense, e sua esposa, D. Teresa – pais do pequeno Infante D. Afonso – lutam contra os Mouros. O Conde da Ericeira, muito pouco preocupado com a fidelidade à história, envolve-a num denso e surpreendente "maravilhoso", um dos aspetos que melhor documentam a partilha do seu espírito entre um desejo racionalista de verosimilhança, provindo das recomendações neoclássicas, e o gosto ainda preso à "máquina" fabulosa antiga. Efetivamente, fazendo-se eco das críticas modernas ao recurso a deuses pagãos num poema cristão, o Fidalgo torna a Virgem, a milagrosa auxiliadora do esforço militar luso. Seduzido sempre pela beleza da mitologia greco-latina, encontra, porém, forma, a seus olhos verosímil, de a introduzir no poema: inventa para tal um ardiloso demónio que transforma nos esculturais deuses antigos os génios maus que favorecem os Mouros, forçados deste modo a trocarem Maomé por Palas. Para o insólito da situação, o Conde da Ericeira oferece, nas *Advertências Preliminares* que apõe ao poema, curiosas explicações que mostram como procurava tornar admissível uma solução tão abstrusa: "Busquei um meio termo que pela novidade poderá não desagradar; pois deixei aos Mouros a sua falsa seita e, ainda que inimiga da idolatria, como os Mouros espanhóis eram doutos na língua arábiga e muitos entendiam a latina

---

Conde de Tarouca, o não tivessem roubado à nossa desde o ano de 1709, seria ele o primeiro a quem eu consultasse e a quem seguisse, como fiz desde os meus primeiros anos, porque o reconheço por um dos primeiros poetas do nosso século [...]; aos eruditos Marqueses de Alegrete devi sábias admoestações [...]".

ou romance, não os supus ignorantes das fábulas, como não o foi Averróis, Avicena e outros muitos; e por isso não é inverosímil que a Rainha de Lamego, Axa Ançures, se inclinasse [...] a renovar no mundo os falsos deuses gentílicos, a que podia haver-se inclinado pelos livros arábigos e latinos que tratassem da mitologia, sendo certo que havia poetas entre os Maometanos e obras de teatro e canções, de que os primeiros romanceiros conservaram na antiga língua espanhola histórias confusas entre fábulas. Assim me serviu esta ficção de que o que haviam de ser encantos e esconjuros, com os nomes ímpios e bárbaros dos demónios, fossem invocações dos seus falsos deuses que trouxe com este disfarce ao poema, sem ofensa da religião nem da poesia". O resultado de tal processo são inaceitáveis incongruências, como as do canto IV, onde Henrique é vítima dos deuses pagãos no Palácio da Glória, ou as de tantos combates em que a Virgem e Palas combatem lado a lado.

A ação está pejada de personagens e situações surpreendentes (encantamentos, mortes, ressurreições, reconhecimentos, heroicida- des superlativas, até um amor involuntariamente incestuoso). Num misto de romance cavaleiresco e de epopeia[45], a *Henriqueida* deixa

---

[45] Eis uma sinopse brevíssima do poema: D. Henrique de Borgonha, auxiliado pela Virgem (de quem uma milagrosa imagem, encontrada num velho castanheiro, cura a paralisia congénita do pequeno infante D. Afonso, confiado aos cuidados de Egas Moniz), vence sucessivos chefes mouros, apesar da proteção que os Deuses, particularmente Palas, votam ao exército muçulmano. O último a morrer, aquando da conquista de Lisboa, é o rei de Fez, Ali Aben Joseph, suposto pai da bela Aldara, há muito prisioneira dos Lusos, por quem estavam apaixonados dois guerreiros igualmente bons e valorosos: o árabe Mulei e o cristão Pelaio Amado. Axa, Rainha de Lamego, verdadeira amazona favorita de Palas, luta, usando ardis femininos, ao lado dos Maometanos, mas vem a converter-se ao Cristianismo, como seu marido. Depois de muitas peripécias, reconhecem-se em Mulei e Aldara os filhos havidos por D. Henrique em D. Matilde de Borgonha, que tinham sido raptados pelos Árabes. Mulei, amando ainda sua irmã, parte como cruzado para a Palestina e Pelaio Amado desposa Aldara. Conquistada Lisboa, funda-se o reino lusitano.
Como vemos, a verdade histórica é muito pouco tida em conta neste poema, onde o Conde D. Henrique é o conquistador de Lisboa e tem amores com D. Matilde de Bolonha (na realidade, a primeira esposa, depois repudiada, do futuro D. Afonso III). O Conde da Ericeira defende-se com a autoridade de um Boileau, de um Voltaire ou de um Pe. Le Bossu que escrevera no seu *Traité du Poème Épique*: "L'épopée est

patente que, entre os inúmeros poemas heroicos lidos pelo autor, mencionados nas *Advertências Preliminares*, tem como modelos prediletos *Os Lusíadas* e a *Jerusalém Libertada* de Torcato Tasso[46], que gozava de grande voga entre nós, neste período de transição do barroco para o neoclassicismo[47].

A procura de uma linguagem elevada, mas não obscura, de clareza no uso de metáforas e alegorias, de unidade na ação (apesar da proliferação de peripécias) – nem moderna nem demasiado antiga –, de coerência na construção da sublimidade do herói, o piedoso Henrique, todavia humanamente sujeito a falhas (como o amor adúltero por Matilde de Bolonha)[48], e ainda a colocação da religiosidade cristã a acompanhar o atuar dos Lusos (contraposta à maldade e fanatismo dos seguidores de Maomé), mostram no Conde da Ericeira um desejo de regularidade e verosimilhança retirado dos conselhos e prática poética de Tasso[49], bem como do contacto com obras de inspiração

---

une fable agréablement imitée sur une action importante, qui est racontée en vers d'une manière vraisemblable et merveilleuse". Lucano é criticado por D. Francisco Xavier de Meneses, como o fora já por Voltaire no *Essai sur la poésie épique*, por se ter mantido demasiado fiel à história na sua *Farsália*. Quando uma epopeia trata assuntos da história moderna, próximos ainda do autor, tem, em todo o caso de ser mais verdadeira. É o caso da *Henriade* (sobre Henrique IV), de Voltaire, diz o Fidalgo.

A *Henriqueida* pode ler-se *online*, em *Google Books* (https://books.google.pt/book s?id=m3dIYLAakI0C&pg=PP20&lpg=PP20&dq=henriqueida, consultado em 19-7-2016).

[46] Lê-se nas *Advertências Preliminares,* p. 30: "Imitei-o [o poema de Tasso] quanto pude, na ordem [...], na religião, nos episódios, e no amoroso, como também na liberdade da fábula heroica [...]."

[47] Consulte-se, de Manuel Simplício Geraldo Ferro, *A Receção de Torquato Tasso na Épica Portuguesa do Barroco e Neoclassicismo* (Dissertação de Doutoramento), Faculdade de Letras, Universidade de Coimbra, 2004.

[48] Lê-se nas *Advertências Preliminares* (p. 66): "Mas porque não me esqueci dos preceitos que deram os Mestres da Poética, e ainda melhor dos exemplos, fugindo, como adverte Boileau, da afetação inverosímil, de que o Herói de um Poema se pinte sem defeito, como se finge no herói de uma novela, deixei que Henrique nos amores ocultos de Matilde suspendesse por um ano o impulso que o conduzia para a guerra de Espanha, que tolerasse o zeloso ardor, com que quase tumultuariamente se opuseram os seus Generais e Conselheiros à liberdade de Aldara, e que com uma excessiva e crédula curiosidade entrasse a examinar na escuridão da noute os encantos do Palácio da Glória."

[49] Além dos poemas que escreveu (a *Gerusalemme Liberata*, em particular), Tasso é autor de *Discorsi dell'Arte Poetica e del Poema Eroico*.

claramente neoclássica, como a *Art Poétique* e *Le Lutrin*, de Boileau, *La Henriade*, de Voltaire, ou o *Traité du Poème Épique* do Pe. Le Bossu[50] e *Les Réflexions sur la Poétique d'Aristote et sur les Ouvrages des Poètes Anciens et Modernes*, do Pe. Rapin[51]. Com tudo isso, o discurso rebuscado, a ostentação decorativa, a prolixidade diegética denunciam no Fidalgo o gosto atraído pela exuberância barroca[52]. Assinale-se também que o seu progressismo científico, cultivado com entusiasmo, não deixa de se manifestar em pequenas dissertações integradas no discurso poético e amplamente explicadas em notas. Resumindo as suas intenções, afirma o Conde da Ericeira: "Conservei, quanto me foi possível, um estilo alto, mas que procurei não fosse escuro, uns conceitos que se percebessem e umas figuras que fugissem da declamação, que não se dilatassem nas metáforas, nem fizessem frequentes hipérboles, porque, se são comuns, admiram-se menos, e a hipérbaton ou transposição não é na nossa língua tão tolerável senão quando é menos comum. O estilo desejei que fosse com o devido decoro e decência: o heroico com gravidade, o científico sem ostentação e o médio sempre em frase poética e não prosaica". A intenção não vale, porém, o ato... Metáforas, perífrases, hipérbatos, repetições oratórias, construções quiasmáticas e trimembres são processos usuais, na *Henriqueida*, para "poetizar" o discurso, fértil ainda em trocadilhos, jogos de palavras e subtis conceitos. Assim, gosto barroco e preocupações modernas, misturando-se e mutuamente traindo-se, geram neste poema um hibridismo de tendências que não

---

[50] O tratado do Pe. Le Bossu data de 1675: "É o autor que mais estudei", por achar nele reunidas as "verdadeiras regras" do poema épico, afirma o Conde da Ericeira nas *Advertências Preliminares*.

[51] A obra do Pe. Rapin data de 1674.

[52] Eis como o Conde da Ericeira evoca, por exemplo, o romper de uma manhã (Canto III, est. I): "Com nuvens de rubi, raios de prata,/Se rompe a névoa que formava o Douro;/ Foge a sombra da luz, que se dilata,/ Vê-se no oriente o nítido tesouro./ Corre a aurora a cortina de escarlata,/ Aparece de Febo o berço de ouro,/ E saindo do mar, quando madruga,/ Ao seu próprio incêndio se enxuga."

consegue *vraisemblance* nem poder sugestivo, mas que é culturalmente interessante por representar o voto consciente de um "meio
termo" que respondesse às orientações contrastantes do "Parnaso
moderno", que o Conde da Ericeira sentia estar "bipartido" (são palavras suas nas *Advertências Preliminares*): gostaria de agradar aos
Franceses, cuja condenação severa do "brilhante falso" dos "poetas
de voo mais rápido e expressões menos inteligíveis" encontrara eco
na Itália arcádica e nos países setentrionais, mas via, na sua Lisboa
joanina, quanto a "ninfa Pirene" combatia "com ardente vigor" a
entrada em Espanha e Portugal destes "rígidos estatutos dos novos
críticos". Isto é, D. Francisco Xavier de Meneses reconhecia quanto
a Península representava poeticamente, no conjunto europeu, aquele
mesmo bloco à parte de que falava Castro Sarmento ao considerá-la
à luz do moderno conhecimento científico[53].

---

[53] Se as *Advertências Preliminares* mostram claramente que o Conde da Ericeira
admirava ainda poetas como Góngora, Calderón ou, entre nós, Barbosa Bacelar, revelam também que criticava os que foram "cada vez mais encobrindo os conceitos
nas frases e nas alusões e termos quase ininteligíveis aos estrangeiros, desprezando
tudo o que não participa desta agudeza". A sua posição intermédia em matéria de
gosto poético leva-o, por exemplo, a não saber como classificar a "luz brilhante" do
Adónis de Marini, tão censurado pelos próprios Italianos da Arcádia: chamar-lhe-á
"verdadeira" ou "aparente"? Posições aproximáveis das suas encontram-se em Fr.
Lucas de Santa Catarina no *Serão político, abuso emendado, dividido em três noites para divertimento dos curiosos* (1ª ed. 1704; 2ª, 1723), ou em Francisco Leitão
Ferreira na sua *Nova Arte de Conceitos* (1ª parte, 1718; 2ª, 1721; v. *supra*, nota 27).
   Assinalemos que, no campo do teatro, as opiniões do Conde da Ericeira talvez
estivessem partilhadas também entre os dois Parnasos. Nas *Advertências Preliminares*,
referindo-se ao talento escasso mostrado pelos Franceses na epopeia, elogia com-
pensatoriamente a supremacia do seu teatro "regular", onde se exprimem "as paixões
mais heroicas e mais finas com uma natural explicação dos movimentos da alma";
todavia, as tentativas dramáticas do Conde, a avaliarmos pelo *Catálogo* das suas
obras apenso ao poema *Narciso de Hipocrene*, datado de 1727, teriam todas, segui-
do, até essa data, o gosto espanhol. Por ele, sabemos ter sido autor de comédias,
óperas e entremezes em castelhano – produção perdida no incêndio do palácio da
Anunciada. Por volta da publicação da *Henriqueida*, começavam entre nós a ouvir-
-se os primeiros ataques ao teatro espanhol, acompanhados da defesa do teatro
francês. Recorde-se que a polémica sobre este assunto entre o Marquês de Valença
(D. Francisco de Portugal) e provavelmente Alexandre de Gusmão decorreu entre
1739 e 1749 (Cf. Álvaro J. da Costa Pimpão, "La querelle des théâtres espagnol et
français", em *Revista de História Literária de Portugal*, vol. I, 1962, pp. 259-273).

Não há dúvida de que a *Henriqueida* respondeu ao gosto de um certo público, que celebrou o poema como uma nova epopeia nacional, superior aos *Lusíadas*.[54] Outros, porém, de sensibilidade diversa e apurada talvez por outros cânones, negaram-lhe tanta excelência poética. Um deles foi o Cavaleiro de Oliveira que, embora considerando o Conde da Ericeira "le meilleur poète de ce siècle et sans doute l'homme le plus savant de ses compatriotes", reconheceu que "il a malheureusement échoué sur la fin de ses jours dans le poème épique"[55].

* * *

Fidalgo de prestigiada linhagem, possuidor de enciclopédica cultura desejosa de tornar-se útil[56], autor de vasta obra em múltiplos géneros, promotor de numerosas iniciativas intelectuais, D. Francisco Xavier de Meneses fora adquirindo grande notoriedade, nesse seu curioso misto de sensibilidade barroca, adesão a posições neoclássicas, progressismo científico, valorização dos 'modernos'.

Eram muitas as suas relações nos meios científicos e literários nacionais e estrangeiros. A Arcádia de Roma fizera-o seu membro em 1723, com o nome poético de *Ormauro Paliseo*, estendendo-se em elogios ao seu saber universal e à qualidade da sua produção. Já vimos que se tornou "fellow" da Royal Society. Falámos, também, dos

---

[54] O Conde de Vimioso, por exemplo, afirmava em 1737, na censura que emitiu sobre o poema em nome da Academia Real da História: "O Senhor Conde podia ser émulo, mas foi vencedor do nosso insigne Camões"; e um pouco adiante: "[...] Mas não devo passar em silêncio o grande e notório excesso que o Senhor Conde faz a Virgílio na extensão e generalidade do mesmo engenho".

[55] In *Fragments d'un mémoire d'un savant portugais au sujet de l'état des sciences en Portugal*, artigo do Cavaleiro de Oliveira incluído no *Journal Encyclopédique* de 1 de janeiro de 1762 (citado por A. Gonçalves Rodrigues, *In O Protestante Lusitano. Estudo Biográfico e Crítico sobre o Cavaleiro de Oliveira*, Coimbra, Coimbra Editora, 1950.

[56] Vários testemunhos ficaram, por exemplo, da colocação das riquezas da sua biblioteca à disposição de quem quisesse consultá-las.

seus laços com Boileau, sabemos dos contactos que manteve com o historiador Lequien de la Neufville[57] ou com o naturalista Jussieu[58], da correspondência que trocou com outros nomes franceses, como Renaudot e La Roque[59], ou com os protestantes Bayle[60] e Leclerc[61], na Holanda. É de referir ainda o intercâmbio epistolar que terá tido, segundo D. José Barbosa e Barbosa Machado, com relevantes personalidades defensoras da modernização da cultura espanhola, como Feijoo, Mañer e Mayans. Sabemos, por exemplo, que escreveu umas *Reflexiones apologéticas sobre el "Teatro Crítico"*, de Fr. Benito Feijoo[62]

---

[57] Jacques Lequien de la Neufville (Paris, 1647 - Lisboa, 1728) publicou em 1700 *Histoire Générale du Portugal*. O Conde da Ericeira recebeu o historiador em 1713, em Lisboa, onde D. João V o homenageara, concedendo-lhe o hábito de Cristo e uma pensão de 1500 libras. Foi membro muito ativo da 'Académie des Inscriptions et Belles-Lettres', cujos regulamentos comunicou aos que se ocupavam, entre nós, da criação da Real Academia Portuguesa da História.

[58] Antoine de Jussieu (1686-1758), após formar-se em Medicina em Montpellier, consagrou-se ao estudo das plantas e das suas virtudes terapêuticas, vindo a ser nomeado professor de Botânica no 'Jardin du Roi', em 1709, por proposta do médico do Rei, Guy Fagon. Admitido em 1711 na 'Académie Royale des Sciences', recebeu de Fagon, em 1716, a missão de recolher plantas em Espanha e Portugal. Após regressar, publicou, nas *Mémoires de l'Académie des Sciences*, o relato da sua viagem. O Conde da Ericeira hospedou o botânico em sua casa, em 1717.

[59] D. José Barbosa e Barbosa Machado falam-nos das relações do Conde da Ericeira com estes dois nomes. Cremos tratar-se de Eusèbe Renaudot (1646-1720), teólogo francês, membro da Academia Francesa e da Academia das Inscrições, e de Jean de la Roque, literato francês (1661-1745), conhecido pelas suas viagens ao Oriente, de que deixou vários relatos (*Voyage dans l' Arabie Heureuse*, Paris, 1716; *Voyage dans la Palestine*, 1717; *Voyage en Syrie et au mont Liban*, 1721).

[60] Pierre Bayle (1647-1706), protestante francês exilado na Holanda, foi o autor do célebre *Dictionnaire Historique et Critique* (1696-1697), onde reexaminou, à luz de uma razão severamente crítica, problemas de moral e de teologia e exegese.

[61] Jean Leclerc, teólogo protestante de nacionalidade suíça, nasceu em Genebra (1657) e faleceu em Amsterdão (1736). Além de trabalhos de polémica religiosa, publicou obras de Erasmo, Grotius, etc.

[62] O *Teatro Crítico*, publicado de 1726 a 1739 (nove tomos), representa uma tentativa de reforma da vida mental espanhola, cujos erros e preconceitos denuncia. Defendia a necessidade de arvorar a razão e a experiência como primeiro princípio científico, combatia as abstrações e o espírito de autoridade, criticava os métodos pedagógicos usados, lutava pelo conhecimento das literaturas estrangeiras, acusava as ideias falsas que circulavam na medicina tradicional, bem como as crendices e sentimentalismos da religião pouco esclarecida, sustentava o princípio da imparcialidade na investigação histórica. No seu conjunto, a obra, que suscitou intensas

(mencionadas no catálogo das obras dos Condes da Ericeira apenso ao exemplar da *Henriqueida* da Biblioteca Nacional), extenso texto, interrompido pela morte, cujo manuscrito se perdeu no incêndio do Palácio da Anunciada: com essas *Reflexiones* se congratula o autor espanhol, dizendo, para mostrar a divulgação dos seus livros em Portugal, que "un ilustre y docto Prócer" como o Conde da Ericeira tinha ilustrado com novas provas as opiniões que sustentara[63]. A par da admiração por Feijoo, o Fidalgo também se relacionou com um dos seus principais antagonistas, Salvador José Mañer, que publicou, em 1729, o *Antiteatro Crítico* e, em 1734, o *Crisol Crítico*, dedicado precisamente ao Conde da Ericeira com palavras de louvor pela sua vasta cultura, pelo seu valor militar e pela sua ilustre ascendência. Não podemos comprovar as relações do Fidalgo com Gregorio Mayans, mas não nos custa admiti-las, dados os pontos de contacto das atividades desse erudito espanhol, também arauto das Luzes[64], com as de D. Francisco Xavier.

No país, eram muitos os seus admiradores, como sabemos. Acrescentemos alguns dados mais: Matias Pereira da Silva, compilador da *Fénix Renascida* – a famosa coletânea de poesia seiscentista surgida entre 1716 e 1728 (2ª edição, 1746) – dedica significativamente o último dos seus cinco tomos a D. Francisco Xavier de Meneses, com palavras de grande encarecimento[65]; e um

---

polémicas, aproxima-se do *Verdadeiro Método de Estudar*, de Verney, que, todavia, não a apreciava muito.

[63] Estas afirmações encontram-se na dedicatória à Rainha de Espanha, D. Maria Bárbara, filha de D. João V, do Tomo IV das *Cartas eruditas y curiosas*, de Feijoo.

[64] Gregorio Mayans (1699-1781) dedicou-se a trabalhos históricos e jurídicos e, entre muitas outras obras, foi autor, em 1727, de uma *Oración en la que exhorta a seguir la verdadera idea de la elocuencia española*, em que combate os exageros barrocos, e, em 1757, de uma *Rhetórica*.

[65] Se pudéssemos ler hoje a obra poética manuscrita do Conde da Ericeira, quase inteiramente perdida no incêndio do palácio da Anunciada, melhor poderíamos entender a homenagem que lhe é feita pelo compilador da *Fénix Renascida*, pois deveria mostrar quanto estava moldada pelo gosto barroco. É o que se depreende, por exemplo, da leitura do seu poema (em espanhol) *Narciso de Hipocrene*, impresso

homem esclarecido como José da Cunha Brochado (1651-1733), que lamentava o atraso do País atribuindo-o sobretudo às deficiências na educação, disse elogiosamente do Fidalgo: "Ainda que é falto de vista, atina em tudo quanto obra e não se lhe conhece este defeito, porque até nos olhos tem entendimento"[66]. Verney, espantando-se por ainda encontrar grande número de "apaixonados" do Fidalgo, comprova esse generalizado apreço, que não compartilhava: reconhecendo que era "um homem erudito", dizia que ele "ignorava totalmente aquilo a que se chama modo, método e critério", pois "para mostrar que sabia muito, carregava as suas pinturas com tantos ornamentos e doutrina que pareciam ridículos"[67]. Cerca de meio século depois, Garrett, a iniciar-se no Romantismo, escrevia no seu jornal *O Cronista*, em 1827, mostrando a voga de que ainda gozava o Conde da Ericeira, mas quanto se afastava, ele, de tão emblemática personagem: "Quero fazer versos portugueses, em português e portuguesmente. [...] Ela [a poesia] e eu temos pouco que haver com Martes e Saturnos, e muito com a natureza e o coração, únicas e verdadeiras fontes de poesia e de todas as belas artes. Da poesia (perdoa-me), cá da minha poesia: não falo da outra que é moda por aí, de que não entendo, nem quero entender, porque me cheira suficientemente à *Fénix Renascida* e ao Conde da Ericeira"[68].

---

em 1729, resposta, pelos "mismos consonantes", à *Fábula de Eco y Narciso* escrita em oitavas pelo Duque de Montellano (José Solís Folch de Cardona); as duas obras foram publicadas conjuntamente, em Lisboa, pela "Imprenta Herreiriana", trazendo apenso um "Catálogo das Obras do Conde da Ericeira, D. Francisco Xavier de Meneses", que nos informa ser autor, entre muitos outros títulos, do poema *Las tres Soledades, Marítima, Campestre y Silvestre*, provável paráfrase de Góngora, três comédias, cento e trinta romances, trinta óperas, serenatas e loas, oito "bailes e entremezes", etc. - produção que nos sugere conclusão idêntica.

[66] A frase está citada por Mendes dos Remédios no Prefácio que organizou das *Memórias* de José da Cunha Brochado (Coimbra, 1909).

[67] *Verdadeiro Método de Estudar*, ed. de António Salgado Júnior (Sá da Costa, 1949), Vol. 2, pp. 109-110.

[68] Vol. I, p. 65.

***

Na simpatia de tantos por D. Francisco Xavier de Meneses, juntar-se-
-iam à admiração pelo seu muito saber o apreço pelo seu humanismo
e pela sua tolerância: como vimos, sendo católico, o Fidalgo teve laços
com protestantes, como Leclerc e Bayle, com judeus, como Jacob de
Castro Sarmento, com personalidades censoras do obsoleto tradicio-
nalismo peninsular, como Feijoo. Um curioso texto da sua autoria
– os *Conselhos que deu o Conde da Ericeira a seu neto, D. Francisco
de Meneses, quando pôs espada* [69] –, escrito com a simplicidade de
um moralista sensato e bem-humorado, mostra-no-lo condenando
o sentimento de honra, já ultrapassado, que sustentava a prática
do duelo, e um conhecedor da arte de viver e do coração humano.
Será por tudo isso talvez que, com razão ou sem ela, alguns o fazem
protetor de António José da Silva, o "Judeu", perante a Inquisição[70].

A abertura de espírito do Fidalgo, os seus muitos contactos nacionais e internacionais; o seu desejo de mudança no rumo do país;
o poder que lhe davam as largas relações clientelares (mesmo se
notoriamente empobrecido pelos gastos com as "suas" academias,
a sua biblioteca, os seus aparelhos científicos, os seus quadros[71]),
também desencadearam, contudo, inimizades e receios. Salientemos,
sobretudo, o afastamento que veio a cavar-se entre D. João V e os
condes da Ericeira – D. Francisco Xavier de Meneses e seu filho,

---

[69] Encontra-se na Biblioteca da Ajuda, Códice 51-V-53, fls. 55-88.

[70] A afirmação parte de Ferdinand Denis, no Capítulo 27 de *Résumé de l'Histoire
Littéraire du Portugal*, transitando depois para o *Dicionário Geográfico, Histórico,
Político e Literário de Portugal*, de Perestrelo da Câmara (1850), para o artigo *Vista
de Olhos sobre a História do Teatro Português*, de J. M. da Costa e Silva (*In Ilustração
Portuguesa. Jornal Universal*, Tomo I, 1845, p. 167), para o romance *O Judeu*, de
Camilo Castelo Branco (1866).

[71] O empobrecimento da Casa Ericeira/Louriçal integrava-se, aliás, no das gran-
des casas nobres portuguesas. Cf. Nuno Gonçalo Freitas Monteiro, *O Declínio dos
Grandes. A casa e o Património da Aristocracia em Portugal (1750-1832)*, 2ª ed.,
Lisboa, INCM, 2003, particularmente, pp. 376-384.

D. Luís –, que o Monarca, a avaliarmos por passos de cartas troca-
das em 1739-1740 com o seu poderoso ministro, Cardeal da Mota,
a propósito de benesses solicitadas pelos fidalgos (concessão de
algumas tenças e comendas, prolongamento de outras)[72], parecia
considerar temíveis tantas influências podiam mover. O velho
Conde, escrevia o Monarca, "não tinha um só real" e estava "muito empenhado"; "esta gente é mui destra e solapada, pode sair-se
com alguma máquina oculta", dizia noutro passo; e pouco após:
"[...] V. E. dirá outra vez que eu tenho medo desta gente mais que
do Maratá[73], mas tenha paciência, veja bem e abra os olhos, tudo
quanto os Ericeiras dizem e os documentos que apontam: são mui
destros e bem viu V. E., no modo de narrarem certas coisas, como
iam armando-se a ações e mais vidas". Sobre D. Luís de Meneses,
prestes a partir de novo para a Índia como vice-rei[74], escrevia:
"E lembra-me agora advertir ou lembrar a V. E. que quanto a
Franceses, ou na Índia ou em Moçambique, deve ver bem o que
se há de ordenar ao Conde da Ericeira, e bem sabe V. E. que ele
tem alguma tal qual propensão e génio para Franceses, e estes o
reconhecem em todos os da sua casa". Numa linguagem pitoresca,
D. João V chega mesmo a dizer ao seu ministro: "peço me ajude
até botarmos fora estes Ericeiras", ou "não me desampare com
estes *benedettos* condes e com o piolho do seu colega" (o cardeal
da Cunha, amigo dos fidalgos?). D. Francisco Xavier de Meneses é
para o Monarca "o Ericeira", "o conde velho", "o velho", "o Ericeiro";
receoso do poder do fidalgo, escrevia ao Cardeal/Ministro: "temo
que o velho comece a dar com a cabeça pelas paredes e a escrever

---

[72] Publicou essas cartas Eduardo Brazão, em *D. João V. Subsídios para a história
do seu reinado*, Porto, 1945 (*vide*, nesse trabalho, as cartas III, IV, VIII, XXIII, XXVII,
XXXII, XXXIII, XL, XLIV, XLV, XLIX, LI, LII, LIII, LIV), portadoras de referências aos
Condes da Ericeira.

[73] Trata-se de uma região do sul do Brasil.

[74] Cf. Nota 13

parvoíces na sua nova petição (...) O velho há de exibir papéis para tudo ou os fabricar de novo, que para tudo terá amigos e habilidades".

Talvez contribuíssem para esta inimizade régia os "Diários" – espécie de gazetas manuscritas destinadas a circularem entre amigos através de cópias, numa base periódica[75] – que D. Francisco Xavier de Meneses começara a enviar por volta de 1730, acompanhando cartas, a um primo – o IV Conde de Unhão, D. Rodrigo Xavier Teles de Meneses, governador do Algarve –, com informações sobre o que por cá e no estrangeiro se passava (por largos anos o fez, como se desempenhasse, informalmente, o papel de "cronista" do Reino). Desagradariam ao Rei algumas dessas notícias, frequentemente adulteradas, que acabaram por trazer ao fidalgo incompreensões e malquerenças, de que se queixa[76]. Como já vimos, também não eram do agrado real as ligações dos Ericeiras a franceses: não seria com

---

[75] Na primeira metade do século XVIII, assinalam-se quatro "jornais" manuscritos, dos quais o primeiro é a conhecida *Gazeta em forma de carta*, produzida por José Soares da Silva, futuro membro da Academia Real da História, entre 1703 e 1716 (parcialmente publicada por Augusto Coelho da Costa Veiga, em 1933, na Biblioteca Nacional). A *Gazeta de Lisboa*, a primeira gazeta portuguesa impressa, inicia a sua publicação em 1715, sob a direção de José Freire de Montarroio Mascarenhas.

[76] Esses textos, enviados durante cerca de uma década, encontram-se na Biblioteca Pública de Évora; acham-se hoje publicados (*Gazetas Manuscritas da Biblioteca Pública de Évora*, 3 Vols.: I, 1729-1731; II, 1732-1734; III, 1735-1737; organização de João Luís Lisboa, Tiago C. P. dos Reis Miranda, Fernanda Olival; Edições Colibri, Centro Interdisciplinar de História, Culturas e Sociedades da Universidade de Évora, Centro de História da Cultura da Universidade Nova de Lisboa, Centro de História de Além-Mar da Universidade Nova de Lisboa e da Universidade dos Açores, 2011). A partir de 1734, o noticiário deixou de ser enviado em texto independente do das cartas, a fim de dificultar as deturpações. A 24 de agosto desse ano, escreve o Conde da Ericeira: "Ainda que tenha padecido umas sezões, de que há um mês não estou ainda de todo convalescido (...), não faltei em mandar-vos os diários com a pontualidade que experimentastes com que desejei sempre dar-vos parte. Porém, como em alguma coisa havia de ter a vaidade de parecer-me convosco, achei tantos ingratos, que as mesmas pessoas a quem com a cópia dos mesmos diários desejava agradar os comentavam e acrescentavam as novas e murmurações que lhes parecia, fazendo-me dano grave. E chegando até o Paço estas falsidades, isto me obrigou a fazer um voto de evitar estas ocasiões mais de malquistar-me. Mas, como vós sempre fostes para mim exceção da regra, mudarei só a forma, dando-vos, quando as houver, algumas notícias da terra, porque as do mundo vêm agora bastante individuadas na nossa Gazeta, e as que aqui chegam antes dos comboios são muito incertas pelas diversas parcialidades em que a corte se divide. Em prémio desta minha fineza,

certeza tranquilizador para D. João V ver, por exemplo, D. Francisco Xavier de Meneses, na *Henriqueida*, citando com apreço Voltaire, ou anunciando que era seu desejo publicar a tradução, que tinha em curso, das *Aventures de Télémaque*, de Fénelon, em "oitavas portuguesas" para melhor ficarem na memória as "utilíssimas reflexões" da obra[77]. Recearia o Monarca que o seu regime fosse atingido pelas críticas feitas por esses autores ao sistema político-social absoluto, em particular ao de Luís XIV?

* * *

Foram difíceis os derradeiros anos da vida de D. Francisco Xavier de Meneses. Empobrecido, cego, atingido pela morte do filho primogénito na Índia, em 1742, abandonado pelo favor régio, perseguido

---

só pretendo que nesse reino me não deis por autor, e que a esta corte escrevais, queixando-vos de mim, porque vos falto com os diários (...)".

Quando Eduardo Brazão publicou, segundo cópia manuscrita pertencente à Biblioteca da Ajuda, um diário político dos anos 1731-1733, atribuído ao Conde da Ericeira – *Diário de D. Francisco Xavier de Meneses, IV Conde da Ericeira (1731--1733), in Biblos*, XVIII, 1942 –, não terá feito mais do que dar a lume uma parte dos diários enviados pelo Fidalgo ao Conde de Unhão (o seu estilo é absolutamente semelhante ao dos diários contidos na correspondência destinada ao primo, simples e por vezes mesmo descuidado).

[77] *Henriqueida*, canto III, nota 220.

Les Aventures de Télémaque, de Fénelon (1651-1715), Arcebispo de Cambrai, preceptor do Duque de Bourgogne, neto de Luís XIV, é um romance pedagógico (1699) – por alguns considerado uma epopeia em prosa –, em que Telémaco, filho de Ulisses, parte em busca de seu pai, há muito desaparecido de Ítaca, acompanhado por um mestre, Mentor (que não é senão a própria Minerva disfarçada); ao longo das múltiplas aventuras por que passam, Mentor ensina ao discípulo a arte de reinar, segundo um pensamento político oposto ao despotismo, à guerra e ao luxo corruptor, em defesa da justiça e dos costumes simples e sadios pedidos pela natureza. Os contemporâneos de Fénelon viram na crítica aos maus reis a sátira de Luís XIV.

O romance teve uma receção entusiástica. Entre nós, foi traduzido em verso (1768), por Joaquim José Caetano Pereira e Sousa (reedições de 1787 e 1788); em 1770, pelo capitão Manuel de Sousa (reedições em 1776, 1825). Inspirou as *Aventuras de Diófanes*, de Teresa Margarida da Silva e Horta (1ª ed., 1752; 2ª ed. 1777, 3ª ed., 1790, com errada atribuição de autoria a Alexandre de Gusmão).

por malquerenças, entrou num desânimo de que dá conta o soneto seguinte, escrito numa linguagem despida de artifícios retóricos:

"Vi que o favor da corte era vaidade,
Achei no amor desdéns, sustos, enganos,
Gastei no estudo a vista, o gosto e os anos,
Encontrei inconstâncias na amizade.

Astúcias me ofenderam a vaidade,
Ao benefício ingratidões e danos.
Teve o valor por prémio desenganos,
O conselho, queixosos da verdade.

Julgou-se a cortesia abatimento
E chamaram lisonja ao que era agrado;
Dissipou-se no gasto o luzimento.

Cortou-me a inveja o espírito elevado;
Não sei se me ficou o entendimento
Só para conhecer-me desgraçado."[78]

O seu falecimento em dezembro de 1743 foi, todavia, chorado por muitos. Logo em 14 de janeiro de 1744 teve lugar um solene obséquio fúnebre promovido pela Companhia de Jesus, que o Fidalgo sempre venerara, e a 20 do mesmo mês a Academia dos Escolhidos (cujo presidente era José Freire de Montarroio Mascarenhas, diretor da *Gazeta de Lisboa*), propôs, por circular impressa, a realização, a 26, de um certame, onde as academias manifestassem o seu pesar pelo desaparecimento de quem fora o seu grande promotor: nela se

---

[78] O soneto teve na época grande divulgação, a avaliarmos pelo número de cópias que dele encontrámos. O texto que oferecemos está no ms. 336, fls. 77, da BGUC.

anunciava que Jerónimo Godinho de Niza discutiria, numa oração, "a quem se faria mais sensível a morte do Excelentíssimo Conde da Ericeira, se às campanhas, pelo grande valor com que nelas militava, ou se às academias, pelo incomparável engenho com que nelas discorria", solicitando-se que outras associações concorressem à celebração[79]; e nela efetivamente colaboraram a Academia dos Aplicados (que então se reunia na cela de Fr. Manuel do Cenáculo, futuro Bispo de Beja), a Academia dos Unidos e a Academia dos Particulares[80]. De outras homenagens temos notícia: em 1744 imprimiam-se em Lisboa o *Obséquio fúnebre e particular à saudosa memória do Ilustríssimo e Excelentíssimo Senhor D. Francisco Xavier de Meneses, IV Conde da Ericeira*[81], bem como o *Encómio Fúnebre* composto pelo Doutor Brás José Rebelo Leite Pereira[82]; de 1745 data o *Elogio* necrológico de D. José Barbosa, a que tão frequentemente recorremos neste estudo, de 1746 é a anónima *Oração Panegírica feita ao Conde da Ericeira por uma Academia do Reino*, que também utilizámos largamente[83].

***

Resta-nos concluir este breve estudo, conduzido sobretudo pelo objetivo de pôr em relevo o papel do IV Conde da Ericeira no arejamento das mentalidades do nosso País.

---

[79] Cf. *Gazeta de Lisboa*, 4 de fevereiro de 1744, e Teófilo Braga, *A Arcádia Lusitana*, pp. 78-80.

[80] Ao conjunto das poesias apresentadas a este certame talvez pertençam as que encontrámos na Biblioteca Geral da Universidade de Coimbra, manifestando profunda admiração pelo Fidalgo desaparecido (ms. 398, fls. 121, 123, 123 v, 522-522 v.)

[81] Cf. *Gazeta de Lisboa*, 28 de abril de 1744.

[82] Cf. *Gazeta de Lisboa*, 12 de maio de 1744.

[83] Talvez corresponda esta Oração, que encontrámos na Miscelânea 47 (nº 1020) da BGUC, à pronunciada na Academia dos Escolhidos.

Que juízo global fazermos, hoje, deste vulto tão celebrado na sua época, embora criticado por alguns? Como dissemos desde o início, agradeçamos sobretudo ao Fidalgo, de recorte tão singular no seu conjunto, a enorme massa de saberes que reuniu, abrindo-se ousadamente aos que representavam novidades modernas "problemáticas", e o empenho que pôs na animação cultural do nosso acanhado meio, através das academias que polarizou em seu torno. Com isso, tornou-se um arauto das "Luzes" entre nós, uma presença benemérita que temos de incluir entre os mentores da renovação intelectual que foi conduzindo, em múltiplas frentes a reformas como a que, em 1772, sob Pombal, se impôs na Universidade.

Acentuámos, porém, que D. Francisco Xavier de Meneses não tem de modo algum o perfil de um "philosophe". Marcado pelo seu tempo, conserva atitudes tradicionais e está impregnado de afetação barroca, exprimindo-se em frases engalanadas por artifícios retóricos, mesmo quando o teor das matérias tratadas (como nos *Extratos* dos livros enviados pela Academia de S. Petersburgo) pediria precisão e simplicidade.

É em suma uma personagem dividida entre dois tempos, reveladora das clivagens culturais que se iam dando no país.

II PARTE
A CARTA DE D. FRANCISCO XAVIER DE MENESES A CROMWEL MORTIMIER SECRETÁRIO DA REAL ACADEMIA DE LONDRES

Um documento latino da literatura epistolar portuguesa

A necessidade de comunicar por escrito à distância deu lugar ao aparecimento de um 'género literário' epistolar que ao longo dos séculos foi mais ou menos explicitamente objecto de reflexão teórica. Naturalmente, esta reflexão tomou desde cedo como referência a teoria retórica. A carta é, afinal, um documento retórico, uma *oratio* que oscila numa tensão entre a simplicidade da oralidade, por um lado, e a elaboração da escrita por outro.

A carta que aqui se lê e traduz regista o momento histórico em que o IV Conde da Ericeira agradece à *Royal Society* a distinção de que foi objeto ao ser nela integrado. Datado de novembro de 1739, o manuscrito é assinado pelo secretário Filipe José da Gama.[84]

Quando esta carta foi redigida, havia na Europa e em Portugal uma substancial prática epistolar e vários séculos de tradição teórica

---

[84] Julgamos que se trata do poeta novilatino, membro da Real Academia da História Portuguesa, que foi presidente da Academia Portuguesa e Latina, associações que o Conde da Ericeira integrava. Como se sabe, e o próprio documento testemunha, naquele momento D. Francisco Xavier de Meneses já sofria de graves dificuldades de visão, o que, não fora o hábito corrente de encomendar a correspondência a um terceiro bom calígrafo, justificaria plenamente a encomenda.

do género. Celebrizado por grandes clássicos da Antiguidade, o género literário epistolar, que nunca caíra em desuso, fora revitalizado pelos humanistas que usaram dele muito para além da simples correspondência privada, por exemplo, para se dirigirem 'ao leitor' das suas obras. A correspondência podia mesmo constituir-se como um livro de debate científico, de que foi caso exemplar a obra *Epistolae Astronomicae* de Tycho Brahe publicada em 1596. Se hoje remetemos a carta quase para o exclusivo da esfera privada, então ela constituía um veículo do pensamento, do debate intelectual, da circulação de informações, etc..., o que muitas vezes justificava aos olhos dos autores a sua publicação. Em parte por estas razões, o humanismo renascentista procedeu também a uma maior reflexão teórica e preceptiva sobre o género epistolar. São várias as obras, de autores de diversas tendências, dedicadas especificamente à sistematização da arte epistolar com a apresentação das regras e métodos de bem escrever os vários géneros de cartas. Segundo o levantamento feito por Carlos Maduro[85], na *Biblioteca Lusitana* de Barbosa Machado não só encontramos um total de 146 autores de cartas redigidas em Português e 59 autores de cartas redigidas em Latim, entre os quais se encontram membros da Casa de Ericeira, como várias obras que expõem as regras da epistolografia, pequenos tratados como o *Tratado do Perfeito secretário Português*, de António de Castilho († 1593) ou tratados de retórica que incluem explicitamente no título um parte dedicada ao método de escrever cartas.[86]

Contemporâneo desta carta é o célebre *Secretário Português, ou método de escrever cartas,* de Cândido Lusitano, publicado em 1745, meia dúzia de anos depois da emissão do documento que aqui apresentamos. Esta obra de sucesso, que viu uma segunda edição

---

[85] Maduro, Carlos A. S., *As artes do não-poder. Cartas de Vieira, um paradigma da retórica epistolar do barroco*, Lisboa, 2012. Cfr.p105-106.

[86] Obras na maioria inéditas, a algumas perdeu-se-lhes o rasto. Vd Maduro pp 108-110.

logo no ano seguinte, pretendia apresentar o método e as regras de bem escrever cartas, de forma sistemática, fornecendo numerosos e diversificados exemplos para cada situação. Como o próprio autor afirma, segue muito de perto o manual *Il segretario principiante* do italiano Isidoro Nardi, acrescentando um formulário de cartas, segundo Maduro, autónomo em relação à obra de Nardi. [87] O critério que preside à organização dos vários tipos de carta é, como noutros manuais, a tripartição aristotélica dos géneros retóricos demonstrativo, deliberativo e judicial. É no género demonstrativo, de louvor, que se inclui a carta de agradecimento (geralmente associada à de oferecimento) em que podemos incluir o presente documento que reflete, naturalmente, os preceitos epistolares então em voga.

Com efeito, os dois *topoi* (agradecimento/oferecimento) surgem associados e, segundo o *Secretário Português*, implicam-se mutuamente. A carta de agradecimento supõe um primeiro momento de agradecimento e posteriormente um de oferecimento de préstimos.[88] É o que acontece exatamente com esta carta de D. Francisco Xavier de Menezes.

Composta em Latim, língua internacional e língua de ciência na época, usada na correspondência entre os eruditos, esta carta revela o domínio seguro da língua latina que o *Secretário Português* aponta como uma das condições essenciais para a qualidade do secretário, a par do domínio da língua materna, do engenho e da leitura dos melhores autores de cartas.[89] Desde o séc. XVII o uso do Latim como língua de comunicação e de ciência vinha perdendo a exclusividade, em parte porque as primeiras publicações periódicas nascidas na Europa, que se constituíam como espaço de divulgação e troca de descobertas científicas, usavam línguas vernáculas, como é o caso do *Journal des Sçavants* e das *Philosophical Transactions*,

---

[87] Maduro, p 119.

[88] Cfr. p 110

[89] Cfr. "Instrução preliminar", *O Secretário Português* cit. Maduro, p 117.

esta última da *Royal Society of London*. Não obstante, continuamos a encontrar o uso do Latim na correspondência trocada entre homens da ciência no séc. XVIII, de que são exemplo esta carta e a que D. Francisco Xavier receberia por resposta de Cromwel Mortimer. Até mesmo durante o séc. XIX, entrando pelo XX, temos ainda exemplos de correspondência latina trocada entre intelectuais.[90]

Embora as formas de tratamento na sua variada complexidade ocupem um lugar próprio na literatura de precetiva epistolar[91], a carta de D. Francisco Xavier de Meneses retoma a simplicidade de uma *salutatio* latina lapidar e elementar, desprovida de quaisquer ornamentos barrocos: "Francisco Xavier, Conde de Ericeira, saúda Cromwel Mortimer, Secretário da Real Academia de Londres".

No que respeita ao exórdio da carta, já esta se aproxima mais do estilo elaborado e eloquente da época. Tal como o exórdio da *oratio* indica o tema do discurso, o da carta apresenta os motivos pelos quais se escreve. Agradecer, reconhecendo que o agradecimento já devia ter sido feito, define como superior o benefício recebido e o emissor como penitente. Esta definição inicial prepara o que também é comum, quer no exórdio da *oratio*, quer no da carta: a *captatio beneuolentiae*. Este exórdio justifica a demora no agradecimento de um favor sumamente enaltecido, apresentando vários motivos, por meio de perguntas retóricas, num jogo complexo em que se afirma, negando: não foi por esquecimento, nem por desconhecer o valor do benefício, nem por ser ingrato, que D. Francisco ainda não agradeceu a sua nomeação, mas simplesmente por excesso de ocupações e pelo peso da idade e falta de saúde.

---

[90] Na Brill's Encyclopaedia of the Neo-Latin World, J. De Landtsheer refere os exemplos de Erwin Panofsky (1892-1968) e Percy Stafford Allen (1869-1933). Cfr. Ford, P., Bloemendal, J.,Fantazzi, C., eds., Brill's Encyclopaedia of the Neo-Latin World, Leiden-Boston, 2014, p334.

[91] Veja-se por exemplo no *Secretário Português* de Cândido Lusitano as páginas dedicadas ao formulário de tratamento dividido em hierarquia eclesiástica e hierarquia secular, pp 23-27.

Os argumentos que podem atingir os afetos, (a idade, que além disso confere autoridade, e a debilidade de saúde) como vemos, reforçam a *captatio* com o objetivo de garantir a simpatia do destinatário.

A *narratio* da carta é preenchida com o assunto que a motiva: agradecer a admissão à *Royal Society of London*. É com vários argumentos que o faz. Começa por afirmar que já eram reconhecidos os seus méritos, quer pela Real Academia portuguesa, quer pela Arcádia Italiana, mas a admissão à Academia de Londres, que sempre desejou e buscou, o guindou ao ponto mais elevado da glória humana. Depois desta distinção já nada mais ambiciona, pois quem a alcança atingiu o 'cume' do público reconhecimento.

Daqui depreendemos que esta admissão estava no horizonte das expectativas de D. Francisco Xavier, que em seguida acrescenta e atesta a sua já longa admiração pelas obras da Academia londrina que sempre perseguiu na busca do saber e que lhe alcançaram 'o verdadeiro conhecimento da Filosofia e da Matemática'. Afirma ainda que estudou a fundo a obra de um elemento da *Royal Society*, o próprio Newton, cujos méritos enaltece sobremaneira, e onde diz ter encontrado 'uma nascente' para matar a sua sede de filosofia.

Como habitual numa carta de agradecimento, D. Francisco Xavier oferece também os seus préstimos, valorizados pela segunda referência aos limites próprios da falta de vista e idade avançada. Com esta oferta do seu contributo, conta justificar o merecimento da distinção que recebeu.

A *narratio* é depois tomada pelo prolongamento do oferecimento de préstimos. D. Francisco oferece uma obra do seu avô, D. Fernando de Meneses, muito certamente a *Historiarum Lusitanorum ab anno MDCXL ad MDCLVII*, publicada em 1734, e um catálogo, ou índice (não exaustivo), das obras dos membros da Casa de Ericeira, das mais antigas às recentemente publicadas, referindo-se explicitamente à presença das obras compostas por mulheres daquela família, no seu elenco. O Conde deve reportar--se precisamente à obra de Joana Josefa de Meneses,[92] sua mãe, a quem alude mais adiante, para exaltar a sua importância na educação literária dos seus netos. O Índice é pretexto para D. Francisco elogiar a tradicional dedicação dos membros da Casa de Ericeira ao estudo e às Letras, como forma de repouso da intensa dedicação à vida militar e política. Mais que o retomar do *topos* literário do humanismo renascentista, aqui o binómio 'As Armas e as Letras' serve de traço distintivo da Casa de Ericeira, assim identificada com aqueles valores transmitidos pela educação familiar. D. Francisco Xavier pode mesmo invocar o exemplo, não só dos seus antepassados como o do seu filho e netos, igualmente dedicados às Armas e às Letras.

D. Francisco espera que estas obras e o catálogo representem a grande consideração que tem pelo Secretário da *Royal Society* e a que este, como 'pai da Academia', tem por todos os que se dedicam às Letras. Assim, através das suas obras, os antepassados de D. Francisco, fazem-se presentes junto da *Royal Society*, agradecendo e partilhando a distinção com que D. Francisco foi agraciado.

D. Francisco não perde mais uma oportunidade de engrandecer os méritos da Academia londrina afirmando simultaneamente a excelência da sua própria casa ou família, uma referência fundamental no seu discurso. Felizes (mais ainda) seriam os seus familiares tão dados ao estudo, se tivessem tido por mestres os membros da Academia. Ele próprio seria mais feliz se, tal como agradece os méritos militares 'aos generais da Bretanha', pudesse agradecer

---

[92] Mulher culta e com particular sensibilidade literária, que pode dedicar-se à escrita. Filha, mulher e mãe de escritores, esta ilustre figura feminina da Casa de Ericeira, beneficiou de um ambiente humanístico para o qual contribui plenamente cultivando sobretudo a poesia e a literatura dramática. Barbosa Machado faz um elenco das suas obras na *Bibliotheca Lusitana*, II, p 555.

os méritos científicos aos discípulos da *Royal Society*. Na verdade, porém, eles são devidos sobretudo à sua família, à Casa de Ericeira. Os laços familiares que já tinham merecido destaque, voltam a assumi-lo no encerramento da *narratio*.

Na *peroratio* com que deve encerrar a sua carta, e uma vez que não pode pronunciar este discurso diante dos sócios da Real Academia de Londres, o Conde introduz o motivo tradicional da *petitio*. O pedido é precisamente o de publicação desta carta, escrita, diz ele, com 'simplicidade', se eliminarmos os 'ornamentos próprios da eloquência'. Esta *peroratio* constitui-se então de um momento de petição, depois de comiseração (quando evoca de novo a fragilidade da saúde e a idade avançada) e finalmente de *amplificatio*, quando reitera o oferecimento de préstimos, com insistência no elogio e na determinação própria de contribuir para o engrandecimento dos já grandes méritos da Real Academia de Londres. Retoma-se, afinal, parte do que se dissera no exórdio, num movimento circular, o que não é pouco habitual no género. Note-se ainda que, muito ao gosto da época, o Conde simula uma aparência de simplicidade e pretende persuadir o destinatário da total sinceridade dos seus elogios, ainda que eles sejam retoricamente elaborados pela *amplificatio* sempre presente: 'É que não escrevem laboriosamente os que preferem parecer mais zelosos da sinceridade que da eloquência', diz o Conde, assumindo uma espécie de incompatibilidade entre a elaboração retórica e a *sinceritas*.

Em contraste com a elaboração retórica da carta e mesmo com os formulários em voga, tal como a *salutatio*, a despedida é 'à romana', simples e lapidar: "Fica bem!"

Quando foi distinguido com a nomeação de *fellow of Royal Society of London,* em 1738, D. Francisco José Xavier de Menezes, o quarto Conde de Ericeira, contava já com uma sólida imagem de prestígio no mundo das Letras e do conhecimento Científico, em Portugal e na Europa. Já então fora nomeado membro da Academia da Arcádia de Roma com o título poético de Ormauro Paliseio[93]. Mas para além das distinções internacionais, D. Francisco Xavier distinguia-se na participação e direcção de várias Academias de eruditos nacionais. Aproximadamente cinco anos depois da nomeação da *Royal Society*, espécie de corolário do reconhecimento público dos seus méritos, em 21 de Dezembro de 1743, o Conde terminava os seus dias na terra.

Dois anos depois, no *Elogio do Conde*[94], composto por D. José Barbosa, clérigo regular, cronista da Casa de Bragança e Censor da Real Academia, alude-se à nomeação do Conde como membro da *Royal Society*, e publica-se a carta de resposta, remetida por Cromwell. No dizer do autor do Elogio, foi para aumentar o próprio prestígio que as várias Academias o convidaram para sócio, e não porque ele o desejasse.[95] Trata-se de um artifício literário comum, para engrandecer os méritos do Conde, mas, na verdade, como o documento que aqui apresentamos documenta, o próprio Conde há muito buscava a 'antiguidade da Real Academia de Londres'.

---

[93] Como informa a *Gazeta de Lisboa Occidental*, de Abril de 1723, n. 15.

[94] Barbosa, J, *Elogio do Illustrissimo e Excellent. Senhor D. Francisco de Menezes IV Conde da Ericeira*, Lisboa, 1745. A obra é dedicada a D. Francisco Rafael de Menezes, VI Conde da Ericeira.

[95] "Seria injúria de um homem tão excessivamente grande, se pretendesse ser agregado às mais famosas Academias do Mundo; mas ellas levadas de uma louvável ambição para se fazerem mais ilustres o convidaram para sócio, como fez a Romana dos Arcades dando-lhe o nome de Ormauro Paliseo, e como fez a Inglesa da Real Sociedade de Londres, a qual recebendo por mão de seu secretário uma carta do Conde, em que lhe mandava o catálogo das suas obras e dos seus ascendentes, lhe respondeu a que se segue copiada fielmente do seu original". Cfr. *Elogio...* p 34.

Texto Latino

Cromwelio, Mortimier, Regiae Academiae Londinensis Secretario
Franciscus Xavier de Meneses, Comes de Ericeira,
S[alutem] D[icit]

Quod tam diu, vir praeclarissime,[96] a Londinensi Regia Societate summis honoribus ornatus, eos mihi perquam gratissimos accidisse, nullo adhuc litterario officio ostenderim; id ne oblivioni quidem meae assignandum putes. Nam cum beneficiorum ingratus esse non soleam, illius, quod maximum est; quodque studioso homini optatissimi, memoriam ex animo elabi; atque minoris, quam fieri debet, tam benignae voluntatis monumentum me fecisse existimes? Absit a tua ipsius humanitate, Vir optime: nec sum tam imperitus rerum, qui quantum beneficium a tua Regia Societate acceperim, nesciam, nec illo mihi gratius, nec jucundius meis omnibus quicquam dari potest, quibus praeter famam, et immortalitatem caetera humana sordent. Te igitur vehementer etiam atque etiam rogo, ut toti Londinensi Academiae non solum pro me in eam adscripto meis verbis gratias agas, verum etiam, quo mearum litterarum tarditatem facilius excuses occupationum tum civilium, tum bellicarum, a quibus respirare vix possum, infinitum laborem [adde etiam ingravescentem aetatem, nec satis firmam valetudinem] mihi, quod de tantis in me unum meritis ad hoc usque tempus silverim, impedimento fuisse omnino exponas.

Nec illud praetermittas velim, me, etsi // Regiae Academiae Lusitanae Censor proxime ad sidera accessisse; aut Romanorum Arcadum alumnus inter Parrhasidis Vrsae clarissimas stellas videbar emicare: tamen, dum illo, quem tua decreuit, et mihi contulit Societas, honore carui, celsissimum humanae gloriae fastigium insedisse, nunquam fuisse arbitratum. Nunc vero quia mea studia, meosque

---

[96] No manuscrito *praeclarissime* surge por cima da palavra *humanissime* rasurada.

litterarios labores tanto Virorum ornatissimorum Concilio placere video, omnia, quae antea adsiduis in Bibliotheca vigiliis meruisse vix credideram, ad dignitatem, et existimationem meam addita esse aperte atque ingenue confiteri.

Non dubito, Vir doctissime, quin ex Regia Academia Lusitana multis, et omni Litterarum genere eruditis hominibus afluente, mihi egregios, et memorabiles honores comparaverim. Scio Arcadas[97] Ericerianae domus gloriam, me in eorum sodalitatem cooptato, incredibilem in modum ad caelum evexisse. Sed cum Londinensis Regiae Societatis tum antiquitatem, et quales in ea sempre illuxerint, liberalium disciplinarum, et optimarum artium Magistri, nimium longe repeto; tum etiam illam Scientiarum veritatem ab errantium Scholarium variis, et inter se diversis multarum opinionum commentis, quasi a tenebris in lucem vendicatam, ex ipsorum scriptis agnosco, tantae gloriae compar factus, immortaliter gaudeo. Et qui nominis mei illustrandi cupiditatem nunquam extinctam sensi; nullam mihi laudem, nullam amplioris famae claritatem expeto: nam qui tuorum Sociorum numero collocantur, summ//um obtinent, et apud omnes effundunt litterarum splendorem.

Hanc tot rationibus notissimisque argumentis, atque ipsa docente experientia comprobatam doctrinam, non adulandi causa dictum existimari velim[98], quod nunquam non fuerim admiratus. Illa me quotidie a puero magis delectavit; meam operam, vigilias huic studiorum generi tributas esse volui: et illorum, qui a tua Regia Societate in vulgus, et in Orbis terrarum admirationem prodeunt, librorum lectione, ita sum admirabiliter inflammatus, ut illis ad veram Philosophiae, et Mathematicae cognitionem, multo eruditius, quam ullis antea a Philosophorum Scholis editis monumentis, me promotum sentiam; nullaque antiquorum opera illis anteponam;

---

[97] *Arcadas* genitivo grego.

[98] Reminiscência de Cícero *De officiis*, 1, 91.

neque recentiorum ipsis illustriora esse concedam. Huic ego equidem ut totus vacarem, quasi ex intimis naturae arcanis depromptae Philosophiae, Aristotelicam reliqui: Cartesianam ipsis, qui ut me disputantem audirent, magna frequentia congregari solebant universam dictavi; et Gassendum etiam diligenter evolvi. Quam utiliter ad Newotonum tuum, virum incomparabilem, me contuli. Is, tanquam si a Delphico Oraculo esset edictus, cum Philosophicis Mathematica elementa conjuncta tradidit: quod nemo ne longis quidem meditationibus est assequutus, nedum assequi animo unquam praesumpsit. Et quamvis multa legeram multa ex aliis didiceram; reliquam tamen illam quae adhuc erat, Philosophiae sitim, quamque nulli fontes sedaverant, Newtonianis explevi, et circa eos manere constitui: quemadmodum qui ad // aquas sitientes currunt, et dulces perennesque inveniunt, ab illarum amoenitate non recedunt. Quocirca Newotonis tui, imo mei, die noctuque libros accurate, et sapienter scriptos ita versavi; ut eos non minoris, quam Athenae veterum Philosophorum exemplaria, et membranas fecerim: tantumque in illis profeci, ut oculos, quorum annis et studiis usum amisi, ad intuendam contemplandamque Philosophiam clausos, tandem aliquando aperuerim. Nunc autem, quia me a pristino vitae curriculo, et ingenuarum artium exercitatione caecitas abstrahere non potuit; atque ipsas non remissius in senectute complector, quam severus in adolescentia colui omnem operam, diligentiam, atque strenuum laborem, dummodo tua Regia Societas et nobilirorum sensuum amissam consuetudinem, et ingenii aetate confecti imbecillitatem suppleat, ad tam mirabiles illustrium Litterarum progressus juvandos, quantum eniti potero [potero autem quantum ipsa volet Societas] libenter conferam: et tamquam in praecipuis laudum mearum ornamentis contulisse, jure, et merito gloriabo.

Interim a tabellario, cui ad te, vir doctissime, has litteras commendavi, accipies Historiam, quam Ferdinandus de Meneses, Comes de Ericeira, avus meus, ad sanctiora Lusitanorum Regum

Concilia adhibitus, Latino sermone composuit: et Joannes Quintus, cuius tutela, et providentia Historia Lusitana, optimae artes, atque virtutes florescunt, divulgari jussit. Fuerat meo Luculentissimo Scriptori, omnia a // temporibus Joannnis Quarti usque ad Hispanici Caduceatoris adventum [inter quae XXVII anni rebus feliciter gestis memorabiles, et frequentibus victoriis Lusitano nomini gloriosissimi effluxerunt] posterorum memoriae tradere[99]: et nisi morte praeventus fuisset, clarissimis fecisset monumentis. Historiarum libris, Operum tum quae a Maioribus meis conscripta sunt, tum quae in lucem quotidie eduntur, copiosum Indicem adiunxi: ubi etiam feminarum pulchritudini, et matronarum stolae, ut videbis, fulgor inclytae claritatis elucet. Multorum lucubrationes, multorum opuscula, recensendo fessus praetermisi. Nam etsi ipsi, ad quos genus refero, omnes, nullo excepto, magnis et egregiis in bello honoribus perfuncti Armorum gloria claruerint, et non pauci Regni assederint gubernaculis: sub (...)[100] t[amen][101] quae incurrebant tempora, ut a tanto rerum labore conquiescerent, perire non passi sunt; ad versus pangendos, conscribendas Historias, aliaque huiusmodi praeclara studia animum referebant. Quin etiam filius meus voluptabili Musarum otio semper indulgens, avorum famam adeptus est: et charissimi mei nepotes, ob insitum earum artium, in quibus pater magnopere excellit, hoc est optimarum amorem, mihi multo chariores, in hoc supra aetatis vires incumbunt: quippe in castissimis aviae et matris penetralibus educati, libros quos ipsae in deliciis habebant, ab initio annorum mirabiliter aceperint.

Vnum tamen superest, ut Menesiorum scriptorum Indicem, et Historiarum Lusitanarum felici avi mei stylo conscripta volumina

---

[99] Disponível no endereço http://books.google.pt/books?id=hVEOBNJJl-0C&pg=PP11&dq=Historiarum+Lusitanorum+ab+anno+MDCXL+ad+MDCLVII&hl=en&sa=X&ei=1YjqUoT0EYbb7Aab8YHICg&ved=0CDAQ6AEwAQ#v=onepage&q=insidia%20&f=false

[100] Texto ilegível devido ao estado de corrupção do suporte.

[101] Conjetura. No manuscrito apenas é visível a letra –t-.

benigne ex//ccipias; illis enim nulla ipsi Scientiarum parenti academiae gratiora munera dicari posse, intellexi. Quae pro mea erga te incredibili amoris observantia, et pro tua erga omnes, qui Litterariam vitam colunt, humanitate, et praestantissimis meritis, ad Regiam Londinensem Societatem deferre ne graveris; cum Maiores mei, qui de tantis in me collatis beneficiis gratias agant, Londinum mitti quodammodo videantur: et illorum silentium mea non dico epistola, sed elegantissima quaque veterum sit oratione eloquentius. Felices illi, si a Britannae gentis Litteris atque armis praestantissimae[102] Academia erudiri potuissent. Felix ego, si quemadmodum prosperos meorum militum eventus Bri[tannae] etiam Ducum militari disciplinae acceptos retuli, ita huius inclytae Societatis Regiae alumnos in magnis, atque politioribus Scientiis perdiscendis habuissem magistros: totius namque eruditionis laudes, Martiarum decus illustrantiore unique maxime Ericerianae familiae debentur.

Hanc velim apud socios meos orationem habere, et quae, tamquam detractis eloquentiae ornamentis, a me nude scripta sunt, nobile est quod in lucem proferas, nisi feceris, ut tantum dissertissimorum virorum quam dignissima, et summe officiosa [quod te oro] Conventum adeant: non enim operose scribunt, qui synceritatis, quam eloquentiae studiosi videri malunt. Eo autem me beneficii magnitudo adducit, in eamque spem// venio, fore, ut non vulgaris Academici munera diligenter exequendo, studium, eruditionem, ingenium, litterasque, quas Regia Societas Londinensis in me esse non dubitat, omnia magno licet cum labore, et aetatis, atque valetudinis detrimento praestem. Curaboque, ut meam ad Londinensem Academiam omnibus meritis propensam voluntatem, et maximis beneficiis illi in perpetuum devinctam, semper ostendam: tibique, Vir doctissime, in omnibus me animo

---

[102] No manuscrito: *Litteris atque armis in Europa*, com as duas últimas palavras rasuradas.

paratisssimo obsequentem ita invenies, ut nullius hominis oficia apud te maiorem habeant commendationem; et non minus praeclaram amplitudinem tuam, quam sapientiam [nam tantae tamque eximiae authoritatis munus cum tua, et Academiae summa laude exerces] quam honorificentissime potero, celebrare non desistam. Bene vale.

Vlyssipponis XI Kalend. Novembr. MDCCXXXIX

Philippus Josephus Gama f.

* * *

Tradução

Francisco Xavier de Meneses, Conde de Ericeira, saúda Cromwel Mortimer, Secretário da Real Academia de Londres

Se há muito tempo, varão preclaríssimo, fui ornado pela Real Academia de Londres com as honras supremas, e não manifestei até ao momento, com nenhum labor literário, como essas mesmas [honras] foram para mim tão caras, não cuides que tal se possa dever ao meu esquecimento. Na verdade, mesmo não usando eu ser displicente com os benefícios, julgas porventura que minha memória se esqueceria deste, que tão grande e tão apetecível é ao homem estudioso; ou [julgas] que eu faria uma celebração de tão benévola disposição [para comigo] menor do que deveria ser? Longe vá [tal pensamento] da tua bondade, varão excelente! É que, nem sou tão mal informado destas matérias que desconheça quanto bem recebi da tua Real Academia, nem nada mais grato nem mais agradável me poderia ser dado, a mim ou a todos os meus, para quem além da fama e da imortalidade, as restantes coisas humanas não têm qualquer valor.

Rogo-te, então, com veemência, e insisto que, não só agradeças a toda a Academia de Londres, com [estas] minhas palavras, por nela me ter inscrito, mas ainda (e para que desculpes mais facilmente a demora da minha carta), que exponhas que o imenso trabalho das ocupações quer civis quer militares, das quais dificilmente consigo respirar (acrescenta ainda o peso da idade e uma saúde pouco firme), foi para mim em absoluto a razão porque fiz silêncio até ao momento sobre tamanhos méritos para comigo mais que a outros.[103]

Não queria ainda que esquecesses o seguinte: que eu, mesmo tendo muito recentemente alcançado os astros como Censor da Real Academia Portuguesa[104]; e mesmo tendo brilhado, como discípulo dos Árcades romanos, entre as mais claras estrelas da Ursa Maior do Parrásio[105], contudo, enquanto não tive essa honra que a tua Academia agora decretou e me conferiu, nunca considerei ter ocupado o lugar mais elevado da humana glória.[106] Agora, porém, vejo que o meu empenho e os meus labores literários agradam a tão grande Conselho de nobilíssimos varões e que, tudo o que antes julgara merecer com esforço, em constantes vigílias na Biblioteca, foi acrescentado à minha honra e reputação e que isso é franca e abertamente reconhecido.

---

[103] Todas estas justificações, intencionalmente apresentadas para captar a benevolência do destinatário (e de todos os membros da Royal Society que as vão ouvir) são realistas. É conhecida a intensa actividade do Conde na vida militar, a ponto de, por vezes impedir os trabalhos intelectuais do académico. Além disso, a velhice do conde foi agravada pelas dificuldades de visão.

[104] Com efeito, profundamente associado à formação da Real Academia Portuguesa da História, D. Francisco Xavier de Meneses foi um dos primeiros diretores e censores. Esta foi, sem dúvida, a Academia portuguesa de maior prestígio.

[105] O conde pertenceu à Arcádia italiana (fundada em 1690), que teria a sua 'sede' no Bosque Parrásio, um espaço doado em 1725 pelo monarca português D. João V, no Janículo, uma das colinas de Roma. A sua nomeção teve lugar em 1723 e nela recebeu a designação poética de Ormauro Paliseo.

[106] Com esta argumentação, o Conde insiste em deixar muito clara a superioridade da *Royal Society of London* no panorama internacional. A sua integração nesta Academia é, por assim dizer, o que de mais elevado poderia atingir o reconhecimento do seu mérito.

Tenho por certo, varão doutíssimo, que, da Real Academia Portuguesa, rica de muitos varões, eruditos em todo o género de Letras, granjeei para mim honra nobre e inesquecível. Sei que a glória da Arcádia Casa de Ericeira, tendo sido eu admitido à sociedade de tais varões, se elevou ao céu de modo extraordinário.

Mas, há muito venho buscando a antiguidade da Real Academia de Londres, (à semelhança daqueles mestres das disciplinas liberais e das melhores artes que sobre ela lançaram seu brilho); e do mesmo modo venho recolhendo dos seus escritos aquela verdade das ciências que, de entre as múltiplas e diversas teorias de escolas errantes e de diferentes opiniões, é como que resgatada das trevas para a luz.[107] Por isso, agora, a tais [mestres] igualado em tamanha glória, alegro-me para sempre.

E eu, que nunca senti extinto o desejo de ilustrar o meu nome, já não desejo para mim próprio mais nenhum louvor, nem nenhum brilho de maior fama: pois aqueles que são colocados entre o número dos teus companheiros já alcançam o cume e junto de todos derramam o esplendor das letras.

Esta doutrina, confirmada por tantas razões e conhecidíssimos argumentos, e até pelo ensino da própria experiência, não queria eu que fosse julgada como algo que digo motivado pela adulação, pois na verdade nunca deixei de [a] admirar.

Foi ela que quotidianamente, desde menino, mais me deleitou; eu quis que o meu trabalho e as vigílias fossem dedicados a este género de estudos: e, de tal modo fui admiravelmente inflamado pela leitura dos livros daqueles que da tua Real Academia avultam diante da multidão e da admiração de todo o mundo, que me sinto elevado por eles ao verdadeiro conhecimento da Filosofia e

---

[107] Reconhecendo assim, discretamente, a justiça da sua integração na *Royal Society*, o Conde afirma que há muito que acompanhava o trabalho intelectual desta Academia a quem reconhece grande mérito no processo de depuração da 'verdade das ciências' que por ela é 'resgatada das trevas para a luz'.

da Matemática, de modo muito mais erudito que alguma vez, por obra alguma publicada pelas escolas dos filósofos; e não preferirei àquelas nenhuma obra dos antigos, nem concederei que as destes sejam mais ilustres que as dos modernos. Quanto a mim, para que me pudesse inteiramente dedicar a esta Filosofia como que arrancada dos secretos recônditos da natureza, abandonei a [filosofia] aristotélica.[108] A [filosofia] Cartesiana, expu-la por inteiro àqueles que para me ouvir debater costumavam reunir-se em grande número, e compulsei ainda cuidadosamente Gassendi.[109] Com que proveito me juntei ao teu Newton, varão incomparável![110] Ele, como se tivesse sido ordenado pelo Oráculo de Delfos, ensinou os elementos matemáticos juntamente com os filosóficos[111]: coisa que ninguém, nem mesmo a custo de longas reflexões, conseguiu, quanto mais alguma vez imaginou no seu espírito conseguir. Embora tenha lido muito e muito tenha aprendido com os outros, aquela sede da filosofia que ficara e persistia até então, e que nascentes nenhumas tinham acalmado, a pude satisfazer nas [nascentes] de Newton, e decidi junto delas permanecer: tal como aqueles que,

---

108 Não obstante a admiração por Aristóteles que ocasionalmente confessa (vd. p.e supra p 32), nesta carta, D. Francisco, certamente confiante no consenso do destinatário, não hesita em afirmar explicitamente o abandono da filosofia aristotélica em favor da adesão ao inovador Descartes que, duvidando de tudo, pretende prescindir completamente da filosofia antiga para conhecer a verdade, apenas a procurando, como afirmara no *Discurso do Método*, dentro si mesmo ou no grande livro da natureza.

109 Pierre Gassendi, filósofo célebre de então, objector e crítico de Descartes. As suas críticas, bem como as de outros pensadores contemporâneos, foram redigidas a pedido de Descartes e publicadas com as suas *Meditações*. Vd Kenny,A., *Nova História da Filosofia Ocidental. Ascensão da Filosofia Moderna*, vol 3. Trad. C. Teixeira, gradiva, 2011.

110 O papel de Isaac Newton na recuperação e crescimento da *Royal Society*, como seu presidente, depois de alguns anos de decadência por circunstâncias várias, e a importância científica do seu inovador trabalho intelectual, fariam com que a figura deste pensador ficasse a ela profundamente associado e com ela se identificasse.

111 D. Francisco refere-se à obra prima de Newton, os *Philosophiae Naturalis Principia Mathematica*, publicados em três volumes entre 1698 e 1726, uma das publicações científicas de maior repercussão na Historia do pensamento científico de todos os tempos.

tendo sede, acorrem para junto das águas e, quando as encontram suaves e constantes, já não se afastam do seu encanto. Pelo que, de tal modo me entreguei dia e noite ao estudo dos livros cuidadosa e sapientemente escritos do teu, ou antes meu, Newton, que fiz deles cadernos para escrever, não menos que os exemplares dos velhos filósofos de Atenas[112]: e de tal modo fiz progressos neles que os meus olhos, cujo uso perdera, encerrados para meditar e contemplar a filosofia, um dia enfim, os abri.[113] Agora, além do mais, porque a cegueira[114] não logrou afastar-me da antiga carreira da vida e do exercício das artes liberais (abraço-as agora na velhice com não menos empenho do que na juventude, em que com todo o rigor cultivei o trabalho, o zelo e labor diligente), contanto que a tua Real Academia supra quer a perda do uso do sentido mais nobre [da visão] quer a debilidade do engenho consumido pela idade, tanto quanto me puder esforçar (e poderei quanto o queira a própria Academia) de bom grado contribuirei para auxiliar tão admiráveis progressos das Letras ilustres: e assim, com justiça e merecidamente me gloriarei de ter contribuído para a particular distinção dos meus méritos.

Entretanto, varão doutíssimo, do secretário a quem encomendei esta carta para ti, receberás uma *História*[115] que Fernando de

---

[112] De novo a referência à filosofia antiga, desta vez não para dizer que teve que prescindir dela para seguir o 'método' de Descartes, mas para afirmar que a estudou a fundo, como estudou os trabalhos de Newton que de tal modo anotou que os seus livros mais pareciam 'cadernos de escrever'. Note-se o peso das duas faces 'leitura' e 'escrita' na investigação e estudo do Conde.

[113] A filosofia de Newton é como uma verdadeira revelação para o intelectual que tira partido da sua circunstância física para dela retirar um expressivo recurso literário: cego para o exterior, pela ineficácia dos seus olhos e do sentido da visão, graças à filosofia de Newton, D. Francisco vê com a clareza dos olhos da razão, como que dispensando os sentidos.

[114] Como já foi dito, o conde cegou nos últimos anos de vida.

[115] *Historiarum Lusitanorum ab anno MDCXL ad MDCLVII*, publicada em 1734. Esta obra, quase esquecida entre nós, mereceria um estudo e tradução para melhor compreensão do seu valor histórico e literário. D. Fernando participou activamente na Guerra da Restauração, portanto estaria em boas condições para fazer esta narrativa.

Meneses, Conde de Ericeira, meu avô, convocado para os veneráveis conselhos dos reis de Portugal[116], compôs em língua latina, e que D. João V, sob cuja proteção e providência florescem a História de Portugal, as virtudes e as artes mais excelentes, mandou que fosse publicada.

Fora propósito deste meu brilhante escritor, legar à memória da posteridade todos os acontecimentos, desde os tempos de D. João IV até ao advento da paz[117] (tempos em que decorreram 27 gloriosíssimos anos, felizmente memoráveis em feitos e gestas, com inúmeras vitórias para o nome Lusitano). Não fora surpreendido pela morte, e teria servido a tão ilustres monumentos[118]. Aos livros das *Histórias,* juntei um copioso índice, quer das Obras que foram escritas pelos meus Maiores, quer das que no presente são dadas à luz: aí, como verás, o fulgor da nobre fama resplandece também para a beleza das donzelas e para a modéstia[119] das senhoras.[120] Fatigado do trabalho de revisão, deixei de lado as reflexões e os opúsculos de muitos. Pois na verdade, embora aqueles a quem devo o nascimento, todos

---

Sabemos também que foi discípulo do grande latinista, o jesuíta Francisco de Macedo, depois Frei Francisco de St° Agostinho de Macedo. A obra é dedicada a D. João V e com ela saiu uma *Vida* do Conde, da autoria do académico P. António dos Reis.

[116] D. Fernando de Meneses foi conselheiro de Estado.

[117] Literalmente 'até à chegada do arauto da paz'.

[118] Na realidade, a obra em causa *Historiarum Lusitanarum ab anno MDCXL usque MDCLVIII libri decem,* como o título indica, abrange os anos 1640 a 1657 mas a intenção do autor era inicialmente abranger os 27 anos da Guerra da Restauração. Como se escreve no prefácio da obra, redigido por Filipe José da Gama, secretário que redigiu também esta carta, era intenção de Fernando Meneses compor em Latim a mesma obra do irmão mais novo e seu sucessor, D. Luís de Menezes (A História de Portugal Restaurado), para que facilmente entre as nações estrangeiras conhecessem o valor e as virtudes dos 'nossos homens'.

[119] Traduzimos assim *stolae,* a veste da mulher aristocrata romana, metonímia da virtude da pudicícia, da modéstia e integridade, valores propostos a esta figura feminina.

[120] As senhoras da Casa de Ericeira, como D. Francisco mais à frente repete, não são apenas belas e virtuosas, mas cultas e instruídas, por isso o catálogo das obras da família integra obras suas. É visível o orgulho de D. Francisco ao apresentar este catálogo.

sem excepção, tenham resplandecido na glória das armas, alcançando na guerra grandes e egrégias honras; e embora muitos deles tenham tomado assento no governo do reino, para descansarem do grande esforço dos seus trabalhos, dedicavam-se a compor versos, a escrever História e outros estudos elevados do mesmo género e não sofreram, por isso, o esquecimento.

Porque razão é que o meu filho[121], sempre indulgente com o apetecível ócio das Musas, alcançou a fama dos avós? E por que razão é que os meus queridos netos, em virtude do amor neles inculcado por estas artes, isto é, das mais excelentes, nas quais o pai grandemente se distinguiu, me são ainda mais caros e seguem esta inclinação para além das forças próprias da sua idade?

Certamente porque, educados no castíssimo seio da avó e da mãe, desde tenra idade admiravelmente ouviram os livros que elas mesmas tinham por suas delícias.[122]

Uma só razão existe, para que de bom grado recebas o índice das obras dos Meneses e os volumes da História de Portugal escritos pela feliz pena do meu avô: com efeito, compreendi que não se poderia oferecer dom mais estimável que estes [livros] ao próprio pai da Academia das Ciências. Em nome da minha grande consideração e estima por ti e da tua por todos os que cultivam a vida literária com humanismo e prestantíssimos merecimentos, não te recuses fazê-los chegar à Real Academia de Londres: uma vez que assim, os meus Maiores, como agradecem tamanhos benefícios que me foram atribuídos, parecem ser eles próprios levados até Londres. Seja o seu silêncio mais eloquente, já não digo que esta minha carta, mas mais eloquente que o mais elegante discurso dos

---

[121] Luis Carlos Inácio Xavier de Meneses, que morreu ainda em vida de seu pai, no ano de 1742. Sobre o V Conde de Ericeira e a sua erudição veja-se supra a nota 13.

[122] Note-se como D. Francisco destaca na Casa de Ericeira o protagonismo das mulheres como educadoras e principais transmissoras da cultura humanista às novas gerações.

oradores da antiguidade. Felizes seriam eles, [meus antepassados], se tivessem podido ser instruídos pela Academia da Bretã nação, distintíssima nas Letras e nas Armas. Feliz de mim se, tal como os sucessos dos meus militares, recebidos, os remeti à instrução militar dos Generais da Bretanha, assim tivesse tido por mestres, no estudo das grandes e mais polidas ciências, os discípulos desta ínclita Real Academia: o facto é que os méritos de toda a [minha] erudição e a honra ilustre dos [meus] feitos militares, devem-se, sobretudo a uma só, à casa de Ericeira.[123]

Este discurso, queria eu pronunciá-lo diante dos meus companheiros, e as palavras que, embora eliminados os ornamentos da eloquência, por mim foram escritas com simplicidade,[124] queria que as publicasses, mas se não o fizeres, que pelo menos cheguem (é o que te peço) a tão magna reunião, digníssimas que são de tão cultos varões e sumamente justas: É que não escrevem laboriosamente os que preferem parecer mais zelosos da sinceridade que da eloquência. A isto acresce ainda a grandeza do benefício em meu favor: que acalento a esperança de, cumprindo diligentemente os deveres de um Académico não comum, responder pelo zelo, erudição, engenho, e pelas letras que a Real Academia de Londres não duvida que há em mim, tudo isto mesmo que com não pequeno esforço e com o prejuízo da idade e da saúde. Zelarei por que sempre manifeste a minha vontade quer favorável a todos os méritos da Academia de Londres, quer unida a ela para sempre pelos maiores benefícios [que recebi].

E em mim, varão doutíssimo, encontrarás a teu favor um ânimo de tal modo deferente e a todas as coisas disposto, que junto de ti não merecerão maior louvor os trabalhos de nenhum outro homem;

---

[123] De novo a afirmação da importância exclusiva da Casa de Ericeira na educação e nos méritos do Conde.

[124] A proverbial aparente simplicidade do discurso não impediu D. Francisco do uso dos habituais recursos retóricos, como se vê.

e não me cansarei de celebrar com a maior honra possível a tua
não menos preclara grandeza e sabedoria (pois com teu e com o
sumo louvor da Academia exerces o múnus de tão grande e tão
exímia autoridade). Fica bem.

Lisboa, XI Kalendas de novembro (22 de Outubro) de 1739

Filipe José Gama, f[ecit]

ANEXO I[125]

Nobilissimo, Illustrissimoque Viro

Francisco Xaverio de Menezes

Comiti da Ericeira

S[alutem].P[lurimam].D[icit]

Cromwel Mortimer M[agister].D[ecanus].R[egalis].S[ocietatis]. Secr.[etarius].

Litteras tuas, Vir clarissime quibus me honoratum uoluisti accepi, et cum Regali nostra communicaui Societate, quae mihi iunxit ut suo nomine maximas tibi reddam gratias.

Non tantum labores tuos litterarios miramur, sed etiam illustrium tuorum parentum, qui tot, et tam docta contexistis opera, quorum Catalogus simul cum litteris traditus fuit, in quo tam egregiorum operum conspicio titulos, ut tota Gens Ericeiriana litteraria cognominari mereatur. Historia uero ab Illustrissimo Auo tuo conscripta (cuius mentionem gratiosissime facis) ad manus nostras nondum peruenit; sed Regali Societati pergratissimum foret munus, uti et opera a te ipso edita.

Faxit Deus, ut diu incolumis uiuas, Lusitaniae, et Marte, et Minerua Decus, et nepotes adolescere uideas indies studiis litterariis magis, magis summis laudibus prementes. Vale Vir preaeclarissime, et me beneuolentia tua honorare perge. Dat: Londini Id Nov. 1743.

---

[125] Barboza, Jozé, *Elogio do Illustrisimo e Excelentissimo Senhor D. Francisco Xavier Joze de Meneses IV Conde da Ericeira*, Lisboa, 1745, 35-36.

***

Ao Nobilíssimo e Ilustríssimo varão

Francisco Xavier de Menezes

Conde da Ericeira,

Envia muito saudar

Cromwel Mortimer Professor decano e secretário da Royal Society.

Recebi, varão claríssimo, a tua carta com que quiseste honrar-me, e que eu comuniquei à nossa Real Academia que me ordenou que em seu nome te rendesse os maiores agradecimentos.

Não só admiramos os teus trabalhos literários como os de teus ilustres antepassados que são em tão grande número. Coligiste tão doutas obras (cujo catálogo, onde vejo títulos tão eruditos foi entregue com a carta) que toda linhagem de Ericeira merece ser cognominada de 'literária'. A História escrita pelo teu ilustríssimo avô (a que generosamente fazes menção) ainda não chegou às nossas mãos, mas seria múnus mui grato à Real Academia fazer uso da obra por ti mesmo editada.

Queira Deus que vivas por muito tempo, honra da Lusitânia, de Marte e de Minerva, e que vejas crescer os teus netos de dia para dia mais célebres nos estudos literários, seguindo nos maiores louvores os passos dos seus avós. Fica bem, varão preclaro, e continua a honrar-me com a tua benevolência.

Londres, nos Idos (dia 13) de Novembro de 1743

ANEXO II
(FOTOGRAFIA DO MANUSCRITO)

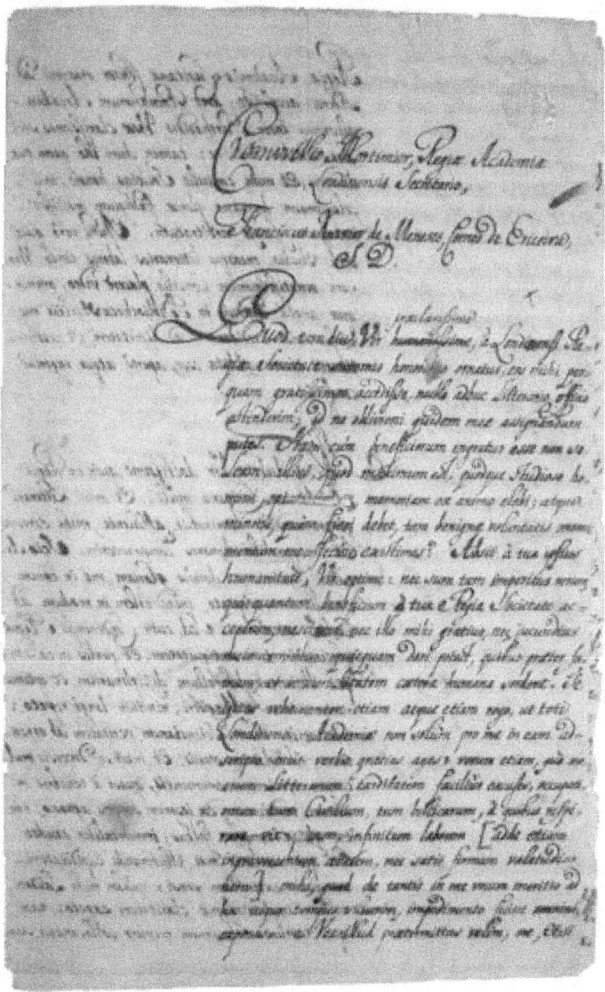

aquas inviterceuniae, Et dulce, perennesque eru-
veniunt; robelleium amanitate non nidibunt;
Quocirca Magestatis tuæ, imò mei, die nostrique
libris accurate et sapienter scriptos ita vereaur;

... Athenæ veterem Phi-
lotophiam complecta, et meminens fecerim;
vtrandinque in illa profeci, ut oculus, quorum ann...
Studio iocum, annis, ad intuendam centem...
volandum vel Philocophiam claudes, tandem aliqua...
... Nunc autem, quia me à penteli...
no vitæ curriculus et ingenuarum artium comitatio...
ne evertam obtrahen non potui, atque cui nos
... invenestluie complet or, quin serene in...
... omnem operam, diligentiam,
... Nominand tuæ Regiæ Ce...
... et nobilibuum sentuum amissam comitatu...
... ingenii, Ætate comitte imbecillegoem...
... ad eam mirabilet illustrium Litterarum
progressum pervenirs, quantum enti potero fostere
idem quantum ipsa velit Societas] libenter
... tanquam in principiis Laudum
... ornamentis contulisse, jure, et merito

... in Cancellario, cui d te, Vir Doctissime, ... litteras commendari; accipies Ulbon...
... quam Ferdinandus de Menesse, Comes De...
Becaria, filius meus, à censoris Lucitanum Re...
... Concilio Philibus, Latino sermone conver...
... JOANNES Quintus cujus tubela,
et prudencie Historia Lucitana, optime artes,
... veteris Florescunt, divulgari iusit.
... luculentissima è Virgineu, omnia à

temporibus clarioris Grega usque ad Hispaniam
Pelnaeorum structuram, Inter qua XXVII anni
. . . sedecim . . . quibus memorabiles, et frequentibus
virtutis Ecclesiae nomini gloriosissimi effluxerunt
posterorum memoriae tradere : et nisi morte praeven-
. . . facere . . . clarissimis . . . fecerit monumentis. Mys-
teriorum historico Operum tum quae à Maioribus
. . . aevi repetita sunt, tum quae in lucem quotidie
Manant, chronay Indicem digessit: ubi etiam fa-
micarum publici studia, et instrumentorum stola, ut
. . . dei . . . inlyce claritatis auctus. Multorum lucubrationes, multorum opuscula, recension
. . . diuturnis pretruinia. Non etsi ipsi, ad quos genus
. . . matibus, omnes, nullo excepto, magnis, et congestis in
. . . Nobis . . . imperituli armorum gloria effuguerinc
Et non quidem Regni audentiae gubernaculis, rab-
. . . ruinis . . . incumbere . . .
rerum dulcedo acquiescerere, perire non passi sunt;

Dversa . . . consentiendas Historias, alias,
. . . illustrissimae . . . studia animum referebant. Quin
. . . voluntas ita . . . voluptabili Musarum otio . . .
. . . indulgeas, . . . tamen Deprus est. Et chari . . .
. . . mob . . . et insisteam canon artium, in quin . . .
bus pater . . . excellit: hoc est optimarum a
. . . charioris, in hoc supra aetatis
. . . vires . . . quippe qui in cultissimis . . .
. . . claviis, libros, quos ipse
. . . in Deliciis habebat, ad initio annorum . . .
. . .

Plurium tamen superest, ut e Moscuorum Scri. . .
. . . priorum . . . et Hispaniarum Sagitariorum sele.
. . . conscripto volumina benigne ex.

venio, fore, ut non vulgaris Academiæ munera diligenter exequendo, studium, eruditionem, ingenium,
literasque, quas Papa Siccæus Londinensis in me
esse non dubitet, omnia magno licet cum labore,
et ætatis atque valetudinis detrimento præstem. Ob-
raboque, ut meam ad Londinensem Academiam omnibus meritis propensam voluntatem, et maximis
beneficio illi in perpetuum devinctam, semper ostendam: tibique, Vir doctissime, in omnibus me animo paratissimo obsequentem te invenies, ut nullius
hominis officio apud te maiorem habeant commendationem; et non minus pietatem amplitudinem tuam,
quam sapientiam [nam tuæ tanquæ eximiæ
authoritatis munus cum tua, et Academiæ summa
laude exerces] quam honorificentissime potero, celebrare non desistam. Bene vale.

Philippus Stephius Gamia.

www.ingramcontent.com/pod-product-compliance
Lightning Source LLC
Chambersburg PA
CBHW071604180626
46819CB00002B/123